青春励志文学馆·少年成长智慧故事

所有人前的*成就*，都深藏着背后的奋斗

文祺 段红霞 ◎ 编著

长 春

成长寄语

　　深冬，野猪在森林里饱受觅食的艰辛，于是想起自己的远房亲戚家猪来——它吃喝有人伺候，而且除了吃就是睡觉与作乐，那样的生活不是自己所向往的吗？不过它马上又清醒了，有人供吃供喝固然不错，但是也是有代价的，那就是死。人类养猪不就是为了吃肉吗？想到这里，野猪打了个寒战，紧接着是对家猪的同情，自己觅食固然辛苦，但保住小命更为重要啊！

　　然而在饿了三天之后野猪又动摇了：家猪之所以被杀，那是因为它没有反抗能力，而我不一样啊，我身体强壮，又有锋利的獠牙，不如混在家猪里先吃上一个冬天，到时候再逃出去也未尝不可。

　　当晚，它轻而易举地跳进了猪圈。整整一个冬天野猪和其他家猪一样吃了睡，睡了吃。

　　过年了，农户发现了野猪，它膘肥体壮，肉味一定比一般的家猪鲜美，于是他准备第二天宰杀野猪。

　　野猪决定连夜逃命，可是此时的它已经跳不出猪圈——几个月的暴饮暴食加上缺乏锻炼，它已经失去了逃脱的能力，只好任人宰割。

　　过安逸的生活固然好——不用辛苦劳作，不愁吃穿。但安逸的生活也有不好的一面：它消磨人的斗志，使人不思进取，甚至还会失去一些生存的本能。

　　舒适、安逸的生活很容易消磨掉一个人的意志，让人失去很多机会。一个贪图享受的年轻人，为此所付出的代价往往是一生的碌碌无为。

　　很多时候，我们总是对现有的东西不忍放弃，对舒适安定的生活恋恋不舍，这种状态足以毁灭一个人的前途。一个人要想将来有所成就，就必须抛弃安逸和享乐。如果自己不努力，谁也给不了你想要的生活。请记住：所有人前的成就，都深藏着背后的奋斗。不逼自己一下，你永远不知道自己有多优秀。走出你的安逸圈，你的舞台才会广阔！

目录 Contents

第一章 靠谁都不如靠自己,自己的问题自己解决

正确地评价自己,看准自己的优缺点 …………………………… 002

别只去想自己有多糟糕,其实你已经很好了 …………………… 005

扮演好自己的角色,你就是主角 ………………………………… 008

不卑不亢,才能安身立命 ………………………………………… 010

避开自己的不足,发挥自己的长处 ……………………………… 013

把弱势变成优势,才能占据有利位置 …………………………… 017

用苛求的眼光审视自己,才能把功夫练到家 …………………… 019

别等别人来帮忙,也不要总想着依赖别人 ……………………… 021

第二章 被关闭了一扇门,就去寻找一扇打开的窗

最重要的事,是把你手边的事做好 ……………………………… 024

错误并不一定是灾难,它也是成功所需要的 …………………… 026

命运在自己手中,每个人都是自己的上帝 ……………………… 028

开辟属于自己的道路,才能拥有自己的光环 …………………… 030

左顾右盼会丧失时机,决定了就要着手做 ……………………… 032

如果门被关上了,我们可以瞄准窗户 …………………………… 034

用成功去回应不平,才是最好的回击方式 ……………………… 036

每次把目标缩小一点,也会离梦想更近一点 …………………… 039

所有人前的成就，都深藏着背后的奋斗

第三章　要么改变环境，要么适应环境

跳出为自己划的圈子，才能有所突破 …… 042
要尽力适应环境，也要努力改变环境 …… 044
把自己完全沉浸在工作里，才会超越别人 …… 046
想要得到什么，需要先给出什么 …… 048
抓住不经意间的发现，或许会因此改变命运 …… 050
不要盲目地向外寻找，财富其实就在身边 …… 053
找出问题的症结所在，及时调整方针策略 …… 056
我们必须历经磨炼，这是积蓄成功的过程 …… 058

第四章　机遇不是等来的，而是自己创造的

抓住灵感的火花，把灵感进行到底 …… 062
不放过一些偶然现象，才能有"重大发现" …… 065
留心生活中的需要，处处留心皆机遇 …… 068
世上从不缺少机会，只是缺少发现机会的眼睛 …… 071
目标不要太多，太多可能会一事无成 …… 073
有时太过于坚定，往往会错过一些机会 …… 075
在有心人那里，失误或意外也是机遇 …… 077
世上不缺千里马，缺少的是伯乐 …… 079

所有人前的成就，都深藏着背后的奋斗

第五章 一个人风光的背后，是耗费的时间和精力

如果没有激情，生命将会显得苍白和凄凉 …… 082
在没有全身心投入之前，最好不要轻言能行 …… 086
抓住人的天性，把问题挑明了说 …… 088
只要做出承诺，就一定要兑现 …… 090
只有讲诚信的人，才能永远站住脚 …… 092
一句善意的谎言，可以满足对方的自尊心 …… 094
在恶势力面前，要敢于挺身而出 …… 097
敢于纠正偏见，才会打破别人的偏见 …… 099

第六章 用心感受生活，过好人生中的每一天

当生活变得沉重时，我们需要弯下身来 …… 102
只有用心生活，生活才会更为精致 …… 104
人生如同乘舟，需要风雨同舟 …… 107
外表美不算美，心灵美才是真美 …… 110
不要过分谦让，因为那绝不是一种美德 …… 112
自己喜欢的东西，别人未必也喜欢 …… 114
平时要珍惜时间，以免日后没有时间 …… 117
那些不为人所知的生活，才是真正的生活 …… 120

第一章

靠谁都不如靠自己，自己的问题自己解决

只有依靠自己才是最稳妥的，只有自己有了安身立命的能力，才有可能过上幸福的生活。不要指望别人，自己的问题自己解决。没有人会帮你一辈子，所以你要奋斗一生，靠谁都不如靠自己。

正确地评价自己，看准自己的优缺点

正确认识自己、评价自己，可以为成功助力。——巴甫洛夫

杰伊·泰森把一个家族企业发展成一个年利润约达1500万美元的中型企业是在1999年，他去华盛顿领取了本年度国家蓝色企业奖章。这是美国商会为奖励那些战胜逆境的中小企业而颁发的，那年只颁发了6枚奖章。

泰森可以算是一个成功的企业家，他一直将难言之隐深深地藏在心里已经很多年了。白天，泰森马不停蹄地处理各种对外事务，好像是忙得没有时间阅读邮件和文件。很多文件由公司的管理人员白天就处理好了，白天遗留下来的文件，到了晚上，由他的妻子邦妮帮助他处理，他的下属对他无法阅读这件事一无所知。

"我已经为他工作7年了，我没有看出他不会阅读的任何迹象，"公司的技术主管萨拉说，"他会将一些技术方面的机密文件拿给我，说我在这方面比他熟悉。而我不知道我是唯一读过这些文件的人。"只有极少的人知道，泰森最大的愿望是，能在睡觉前为他的孙子们读一个小故事。

泰森童年的时候，在内华达的一个小矿区里上小学。"老师叫我笨蛋，因为我有阅读困难。"他说。他是整个学校里最安静的小孩，他总是默默地坐在教室的最后一排。他天生有阅读障碍，老师又责骂他，他的学习变得更艰难了。1963年，他从高中勉强毕业，当时他的成绩主要是C、D和F（A是最高等级）。高中毕业后，泰森搬到了雷诺市，他用200美元的本金开了一家小机械商店，他一步一步地把小店发展成了今天的机械公司。尽管成功了，但是他成年后一直背负着装作会阅读而欺骗他人的耻辱。

2002年，56岁的泰森应邀参加了商业委员会，这是一个首席执行官共同探讨商务发展困境的组织。起初泰森不是很情愿地参加这个组织，"他担心他无法和组织中的其他成员合拍，"加利福尼亚商业银行的前首席执行官兰迪·约斯特说，"大约在我们认识6个月后，他告诉了我们他有阅读障碍。""他当时很紧张，声音在颤抖，"商业委员会里的一位饮料浓缩物制造商回忆道，"很明显，坦白自己的阅读障碍对他来说是一件很困难的事情。我以前知道他有高中学历，而且生意非常成功。于是，我想当然地认为他可以阅读。谁能想到他一直面对这样的困境？"泰森害怕受到那些大多是大学毕业的首席执行官们的嘲笑和轻视。但是，他没想到他得到的是更多的支持和鼓励。"这使我更加佩服他获得的成功，这加深了我对他的敬意。"约斯特说。另外，当泰森告诉他的雇员他不会阅读的时候，也赢得了雇员们的尊重。泰森说："自从我下决心让每个人都知道这件事以来，我心里轻松了许多。"

从那以后，泰森聘请了一名家庭教师为他做阅读辅导。泰森正在读一本管理方面的书，他在所有他不认识的单词下面画线，然后查字典。他希望有一天他能像妻子那样可以迅速地读完办公桌上所有的文件和信函。

"有阅读障碍没有什么可羞愧的,"泰森的夫人说,"然而,如果明知自己有缺陷却不做任何改进,那就会变成一种耻辱了。"

成 长 智 慧

我们要正确地评价自己,看准自己的优缺点。认识自己很重要,认识到自己的缺点更重要,对于缺点,通过不断的学习和改进,通过自身的不懈努力和追求,是可以克服的。

别只去想自己有多糟糕,其实你已经很好了

除了人格以外,人生最大的损失,莫过于失掉自信心了。

——培尔辛

芭芭拉二十几岁时已是有作品出版的作家了,可是她仍然举止笨拙,所以她常感到自卑。她有点胖,不过并不痴肥,她觉得衣服穿在别人身上总是比较好看。她在赴宴会之前要打扮好几个小时,可是她一走进宴会厅就会感到自己一团糟,她总觉得人人都在对她评头论足,在背后耻笑她。

有天晚上,芭芭拉忐忑不安地去赴一个宴会,她在门外碰见一位年轻女士。"你也是要进去的吗?""大概是吧,"那位女士扮了个鬼脸,"我一直在附近徘徊,想鼓起勇气进去,可是我很害怕,我总是这样子的。"芭芭拉在灯光照映的门阶上看看她,觉得她很好看,至少比自己好得多。"我也害怕得很。"芭芭拉坦言,她们都笑了,两人不再那么紧张。她们走向前面人声嘈杂、情况不可预知的宴会厅。芭芭拉的保护心理油然而生。"你没事吧?"她悄悄问道。这是她生平第一次心不在自己而在另一个人身上。这对她自己也有帮助,她们开始和别人谈话,芭芭拉开始觉得自己是这群人中的一员,不再是个局外人。穿上大衣回家时,芭芭拉和她的新朋友谈起各自的感受。"觉得怎么样?""我觉

得比以前好。"芭芭拉说。"我也如此，因为我们并不孤独。"芭芭拉想：这句话说得真对。我以前觉得孤独，认为世界上的人都自信十足，可是如今我遇到了一个和我同样自卑的人。之前，我被不安全感吞噬了，根本不会去想别的。现在我得到了另一个启示：会不会有很多人看起来谈笑风生，但实际上他们心中也忐忑不安呢？

芭芭拉常去一家本地报馆，那里有位编辑对她有点粗鲁无礼，她总觉得他不喜欢自己。有一天去报馆时，芭芭拉深吸一口气，对那位编辑说："你好，安德森先生，见到你真高兴！"芭芭拉微笑着抬头。以前，她习惯一面把稿子丢在他桌上，一面低声说道："我想你不会喜欢它。"这次芭芭拉改口道："我真希望你喜欢这篇稿子，大家都写得不好的时候，你的工作一定非常吃力。""的确吃力。"那位编辑叹了口气。芭芭拉没有像往常那样匆匆离去，她坐了下来。他们互相看看。芭芭拉发现他不是个咄咄逼人的特稿编辑，而是个头发半秃、其貌不扬、头大肩窄的男人，办公桌上摆着他妻儿的照片。芭芭拉问起他们，那位编辑露出了微笑，严峻而带点悲伤的嘴变得柔和起来。芭芭拉感到他们二人都觉得自在了。

后来，芭芭拉的写作生涯因战争而中断。她去接受护士培训，再次因感觉医院里的人个个称职唯有自己不然而心生畏惧，她觉得自己手脚笨拙，学得慢，穿上制服看来仍一无是处，引来许多病人抱怨。"她怎么会到这儿来的？"芭芭拉猜他们一定会这样想。工作繁忙加上疲劳，使芭芭拉不再胡思乱想，她开始感觉到与大家打成一片的喜悦，她是团队的一分子，大家需要她。她看到别人忍受痛苦，遭遇不幸，觉得他们的生命比自己的还重要。"你做得不坏。"护士长有一天对芭芭拉说。芭芭拉暗喜：她原来在称赞我！他们认为我一切没问题。芭芭拉忽然惊觉几星期来她根本没有时间为自己是否称职而发愁担忧。如今，事过多年，芭芭拉仍对人群、事业成功的人、粗鲁无礼的店员怀有畏惧之心，也仍害怕陌生的环境。但她告诉自己要记住：别想你自己，过去和那个独自站在街头紧张不安的女人谈谈。

成 长 智 慧

自卑使人变得十分敏感，经不起刺激。其实每个人都是一样的，都有缺点，也处处都在掩饰和改正自己的缺点。许多时候，不安只在我们心中，放下心中对自己过低的评价，努力去做，就会发现：其实我们已经做得相当好了。

扮演好自己的角色,你就是主角

我是自己的主人。——吉勒鲁普

著名作家乔叶有一位影视界的朋友,她是那种难得的不浮华的女人。一次,乔叶和她谈及一个正走红的导演,她淡淡地说:"虽然他目前的市场状况挺好,但就我看来,也不过仅此而已,将来不会有什么大发展。""何以见得?""我差点儿加盟他的一部片子,但是拍戏第一天我就退出了剧组。你知道为什么吗?"朋友笑道,"他居然对我说,'你别这么演,这么演太夺目了,你是个配角,不能抢主角的戏。'"

"配角能抢主角的戏吗?他说的有道理吗?"乔叶感到不解。

"如果主角演得好,配角能抢走她的戏吗?如果主角很平庸,作为配角是不是一定要显得更平庸?"朋友言锋尖锐,"我不是不注重大局,我可以少要镜头。但是我不能不全力以赴地演好我的角色,哪怕是一个最微小的角色。不管导演怎么为我定位,我是我自己的主角,永远都是。"她的话忽然令乔叶很感动。

在人们的习惯认识里,主角就是主角,配角就是配角。就像大人物就是大人物,小人物就是小人物一样。二者属于截然不同的世界,没有统一的可能。但实际上,主角固然是主角,配角其实也是主角。一部戏里,其实没有大小角色之分,也没有主角配角之分，有的只是自己的台词、自己的戏。正如本质上，大人物是自己的小人物，小人物是自己的大人物一样。茫茫尘世里，其实没有大小人物之分，有的只是自己的灵魂、自己的心。

"角色可以有轻重之分，但是演技不能有优劣之别。"朋友如是说。乔叶从朋友的话中得到这样一个结论：也许，这个世界就是这样，主角出色是主角的亮丽，配角生辉是配角的风采。看似名目不同，实则各领风骚。亦如大人物有大人物的光芒，小人物有小人物的趣味，最关键的是，在人生的大戏里，你必须把自己锤炼成一名一流的导演，然后才会是自己永远的主角。

成 长 智 慧

> 这个世界就是这样，主角总是被众星捧月，但我们无论是作为主角活在世上，还是作为配角活在世上，都应该活出各自的风采。都说人生如戏，那么，在这场戏中，即使是配角，只要我们努力扮演好自己的角色，就是自己的主角，也不枉来世上走这一遭。

不卑不亢，才能安身立命

名人名言

泰山在前而不见，疾雷破柱而不惊。——欧阳修

狄青本是京城禁军里的一个普通兵士。他从小练得一身武艺，骑马射箭样样精通，再加上他胆壮力大，后来被提拔做了一个小官。西夏的元昊称帝以后，宋仁宗派禁军到边境去防守，狄青被派到陕西保安（今陕西志丹）。不久，西夏兵进攻保安。保安的宋军多次被西夏军打败，兵士们一听说打仗都有点害怕。守将卢守勤为了这件事正在发愁，狄青主动要求担任先锋，抗击西夏军。卢守勤听后自然高兴，就拨给他一支人马，与前来进犯的西夏军交战。

狄青每逢上阵，都先换一身打扮。他披头散发，头上戴着一个铜面具，只露出两只炯炯有神的眼睛。他手拿一支长枪，带头冲锋陷阵，东挡西杀。西夏军自从进犯宋境以来，没有碰到过这样厉害的对手，他们看到狄青这副打扮，已经胆寒了。狄青和宋军猛冲了一阵，西夏军的阵脚大乱，纷纷败退。狄青带领宋军冲杀过去，打了一个大胜仗。捷报传到朝廷，宋仁宗十分高兴，把卢守勤提升了官职，狄青也连升了四级。宋仁宗还想把狄青召回京城，亲自接见。后来因为西夏兵又进犯渭州，狄青被调去抵抗，不得不取消了召见，宋仁宗叫人给狄青画了肖像，送进朝廷。

以后几年里，西夏兵在边境各地不断地进犯，弄得地方不得

安宁，狄青前后参加了二十五次大小战斗，受了八次箭伤，但他从没有打过一次败仗，西夏兵一听到狄青的名字，就吓得抱头鼠窜。当时，负责防守边境的范仲淹听了部下的推荐，立刻召见狄青，问他读过什么书，狄青出身兵士，识字不多，要他说读过什么书，他答不上来。范仲淹劝他说："你现在是个将官了。做将官的如果不能博古通今，只靠个人的勇猛是不够的。"接着，他还介绍狄青读一些书。狄青见范仲淹这样鼓励他，十分的感激。以后，他常利用打仗的空闲时间刻苦读书。过了几年，他把秦汉以来名将的兵法读得滚瓜烂熟，又因为立下战功，官职不断得到提升，名声也更大了。后来，宋仁宗把他调回京城，担任马军副都指挥使。

宋朝有个残酷的制度。为了防止兵士开小差，在兵士的脸上刺字。狄青当小兵的时候脸上也被刺过字。过了十多年，狄青当了大将，但是脸上还留着黑色的字迹。

有一次，宋仁宗召见他，认为大将脸上留着黑字很不体面，就叫狄青回家以后敷上药，把黑字除掉。狄青说："陛下不嫌我出身低微，按照战功把我提升到这个地位，我很感激。我宁愿留着这些黑字，让兵士们见了，知道该怎样上进。"宋仁宗听了，很欣赏狄青的见识，便更加器重他了。后来，狄青屡立战功，被提拔为掌握全国军事的枢密使。一个小兵出身的人当上枢密使，这是宋朝历史上从来没有过的事。有些大臣嫌狄青出身低，劝宋仁宗不该把狄青提到这么高的职位，但是宋仁宗这时候正在重用将才，没有听这些意见。

狄青当上枢密使，有人总觉得他的出身和地位不太相称。有一个人自称是唐朝名相狄仁杰的后代,他拿了狄仁杰的画像,送给狄青说:"您不也是狄公的后代吗?不如认狄公做祖宗吧!"狄青谦虚地笑了笑说:"我本来是个出身低微的人,偶然遇到机会得到高位,怎么能跟狄公高攀呢?"

成长智慧

现实中,有人身居高位,有人默默无闻,无论我们是哪一个,都应该拥有不卑不亢的心态。"卑"则让我们轻视自己,"亢"则让我们成为孤家寡人。所以,要用正确的心态看待自己,才能安身立命。

避开自己的不足,发挥自己的长处

名人名言

扬长避短是成功的秘诀。——纪伯伦

很少有人知道在文学界叱咤风云的马克·吐温,竟然曾有过两次经商失败的经历。

马克·吐温第一次经商是投资打字机的研制。那是1880年,马克·吐温已经45岁了。在此之前,他靠爬格子发了点小财,并有了点名气。正在这时,一个叫佩吉的人来敲马克·吐温的门,佩吉对他说:"我正在从事打字机的研究,眼看就要成功了。产品投放市场后,金钱就会像河水一样流来,现在,我只缺最后一笔实验经费,谁敢投资,将来他得到的好处肯定难以计数。"马克·吐温本来就有想入非非的毛病,他想,靠爬格子只能发小财,发不了大财,要发大财,只有投资商业。他爽快地拿出2000美元,投资研制打字机。至于实验者的研究能力、研究方案的可行性和确实价值,他一点儿也不知道。一年过去了,佩吉找到马克·吐温,亲热地对他说:"快成功了,只需要最后一笔钱。"两年过去了,佩吉又来拜访马克·吐温,仍亲热地说:"快成功了,只需要最后一笔钱。"三年、四年、五年……时间一晃就是7个年头,这个"快成功"的打字机还没研究成功,马克·吐温屈指一算,自己先后投入了2万多美元在佩吉"快成功"的打字机上。他再也无法容忍,责问前来要钱的佩吉:到底什么时候才能"真正的成功?"佩吉又翘动三寸不烂之舌,说这回可是"真正的"接近成功了,只要马克·吐温投入"最后的"3000美元,打字机准保拿出来。原本一肚子气的马克·吐温想了想,反正2万多美元都拿出去了,再拿3000美元也算不了什么。只要打字机研制成功,几万美元的投资就会几倍、几十倍地捞回来。马克·吐温哪料得到,这"真正的成功"却遥遥无期。他45岁开始投资研制打字机,到60岁已是满头白发的老人了,打字机还没研制成功,而他已被佩吉吞掉了约15万美元,这些钱如果堆积起来,恐怕能淹没一个人,马克·吐温决定再也不当傻瓜了,但当善于花言巧语的佩吉出现在他面前时,他想发大财的欲望又被煽动起来,他的决心又动摇了。佩吉最后一次对马克·吐温说:"打字机已研究成功。机器没问题,只要再调试一下,就可以投放市场。如果你愿再拿出最后一笔钱,当然要多点,那就……""要多少?""4万!""4万就4万吧。"佩吉高兴得差点跳起来。他心花怒放地对马克·吐温说:"我们的好船长,好望角就在眼前,只要再坚持一下,就能看到它了。"不幸的是,这时其他竞争者已把打字机研制出来了,并已投入工业生产。马克·吐温投资的那个还在"调试"的打字机,即使这时能投放市场,也赚不了几个钱。发大财的美梦成了泡影,用心血换来的19万美元付诸东流,时至此刻,马克·吐温才完全醒悟过来。

马克·吐温第二次经商是开办出版公司。马克·吐温50岁时,他的名气更大了,他所写的书有不少都成了畅销书,人们争相购阅,出版商看准这一行情,争相出版他的作品,因此而发财的大有人在。看着自己作品的出版收入大部分落入出版商的口袋，而自己只能拿到其中的十分之一，马克·吐温颇有感触。他想："为什么我不自己开个出版公司，专门出版、发行自己的作品呢？"这时候，他手头有6部作品即将完稿。他细算了一下，如果把它们交给出版商，最多只能得到3000美元的稿酬；如果自己出版，至少可得25000美元的收入，二者相差甚多。他决心自己当出版商，出版自己的作品。令人哭笑不得的是：马克·吐温不但没有任何建立和管理一家出版公司的经验，而且连起码的财会知识都不懂。他只好请来30岁的外甥韦伯斯特当公司的经理，然后自己贷款购买了20部印刷机，建立了7家装订所，还雇用了很多推销员，大张旗鼓地干起来了。"瞎猫碰上死老鼠"，第一炮竟被他打响了。马克·吐温自己印刷出版的第一本书是《哈克贝利·费恩历险记》，这本书以深刻的思想和新颖的文笔，受到广大读者的欢迎。第二本书是《格兰特将军回忆录》，该书的主人公是美国南北战争中的北方总司令，曾继林肯之后连任两届美国总统，是美国人心目中的伟人。但在他离开白宫隐居后不久，本来就很有限的储蓄却被人骗走了，自此他成了一个身无分文的穷光蛋。由于美国人对这位前总统的命运十分关心，所以这本书成了畅销书，出版不久就销售了61万册，获利64万美元。马克·吐温把这笔收入中的42万美元赠给了这位前总统的遗孀，18万美元分给出版公司，自己留了4万美元。这4万美元就是前面提到的研制打字机的最后一次投资。马克·吐温被这两次偶然的胜利搞得昏昏然，他继续扩大出版业务。而经理韦伯斯特除了比他多懂得一些财会知识外，对经营管理却一窍不通。他们两人的关系，是一个外行不断地向一个门外汉下达一些稀奇古怪、充满浪漫色彩的指示,而后者无法理解前者指示中所隐含的深意,双方经常为此争吵不休。到了第三个年头,韦伯斯特感到实在难以再干下去了,便卷起铺盖一走了之。马克·吐温只得亲躬商务,可是他一见到账目就头痛,更别提管理整个出版社了,他只好另请他人经营他的出版公司,自己甩手不管了。这个出版公司勉强维持了10年,最后在1894年的经济危机中彻底坍塌。马克·吐温为此背上了9.4万美元的债务,他的债权人竟有96个之多。

两次经商,两次失败,损失近30万美元,马克·吐温痛不欲生。幸亏他有个贤惠聪颖的妻子奥莉薇娅,她深知自己的丈夫是个文学巨匠和演讲天才,经商并不是他的长项,她对马克·吐温两次经商失败,不但毫无责难之词,而且还尽力安慰他,帮他鼓起勇气,还为他制订了一个4年还债计划——巡回演讲。她陪着马克·吐温先在美国各地演讲,1895年又跟着马克·吐温到世界各地演讲。马克·吐温以幽默的故事和生动的言辞吸引了成千上万的听众,他的才干在演讲和写作中得到真正的发挥,他很快摆脱了失败。

1898年,63岁的马克·吐温终于还清了所有的债务。

成长智慧

我们应该正确地评价自己,看清自己的位置和方向,知道自己的优势和不足,并懂得利用优势,发挥自己的才能弥补不足,而不是用不足来冒险。成功者之所以成功,就是因为他们懂得利用自己的长处,避开自己的不足。

把弱势变成优势，才能占据有利位置

名人名言

弱势之中也蕴藏着优势。——西兰帕

查理·鲍斯韦尔应该算是个英雄。他用自己的行动鼓舞其他人克服困难，热情地投入生活。二战中，鲍斯韦尔为将战友从一辆受到炮火重创的坦克中营救出来而双目失明。

在此之前，他是一名优秀的运动员。为了证明自己的能力和决心，他决定尝试一项崭新的运动，一项即使是在他的视力完好无损的情况下也从来没有想过要去涉足的运动——打高尔夫球！由于决心和对这项运动的热爱，他获得了全国盲人高尔夫球冠军，这项荣誉他一共获得了13次！著名的高尔夫球手本·霍根是鲍斯韦尔心目中的英雄，因此，当鲍斯韦尔在1958年获得本·霍根奖的时候，他感到非常荣幸。与本·霍根会面时，鲍斯韦尔怀着仰慕的心情对他说自己有个愿望，就是想和他打一轮高尔夫球。霍根先生也认为和鲍斯韦尔打一轮高尔夫球是他的荣幸，因为他已经从朋友那听说了鲍斯韦尔的全部成就，并对他的技能非常钦佩。

"你愿意用钱做赌注吗，霍根先生？"鲍斯韦尔脱口而出。"我不能和你赌钱，那是不公平的！"霍根先生说。"赌吧，霍根先生……每个洞1000美元！""我不能那样做，利用你的残疾而占你的便宜，人们会怎样看我？"视力完好的高尔夫球手回答。"胆怯了，霍根先生？""好吧，"霍根不满地脱口说道，"不过，我是不会手下留情的！""这正是我希望的。"鲍斯韦尔自信地说。"你是庄家，鲍斯韦尔先生，你定时间和地点吧！"鲍斯韦尔非常有把握地回答："10点钟……今晚！"

成长智慧

对很多问题我们需要机智地应对，在问题面前，我们应该思考的是怎样避开自己的弱势和别人的优势，甚至是把自己的弱势变成优势，从而使我们占据有利的位置，那样问题自然就不是问题了。

用苛求的眼光审视自己,才能把功夫练到家

严格要求自己,是对自己负责任的表现。——海涅

上海有一个年轻的画家,他已经到了穷困潦倒的地步,他经常为一顿饭而发愁。他的鞋前面裂开一个口子,像一张张开的嘴,他既没钱买新鞋穿,也没钱缝补这双旧鞋。

他只能卖他的画来生存,一天,他画了一只老虎,拿到街上去卖。一个外国人看中了这幅画,想买下来,就问这个年轻的画家:"您这幅画要多少钱?"这位画家说:"500美元,先生。"外国人觉得500美元太贵,便对他说:"能不能少点儿呢?"年轻人说:"不能少!"然后他一边说,一边将画轻轻地撕碎了。

外国人不由得吃了一惊:"年轻人,你怎么撕毁了它呢?多可惜呀!500美元不卖,少卖点儿也行啊!你是生气了吧?"年轻人平静地说道:"先生,我没有生气。这画我要价500美元,说明我认为它值500美元,你跟我讲价,说明你认为它不值这个价钱。所以,我要继续努力,争取下次画好。这次画得肯定不行,所以我撕了它重新画,直到画到顾客认可为止。"老外想了想,觉得这个年轻人说得很对。

那时候他是个普通的、默默无闻的青年,但就是这个心态,使这个青年日后成为一代雕塑大师,还当上了中国美术馆的馆长,

他主持雕塑了人民英雄纪念碑上的浮雕，留下了许多传世经典雕塑作品。

他就是一代宗师刘开渠。

成 长 智 慧

成功需要良好的心态和一丝不苟的敬业精神。我们应该严格地要求自己，用苛求的眼光审视自己，要有一种不知足的进取精神，这样才能把功夫练到家。

别等别人来帮忙,也不要总想着依赖别人

依靠别人是世上最不靠谱的事情。——泰戈尔

李总正在会议室开会,突然秘书慌慌张张地进来了,她连门都顾不上敲,直接对他说:"李总,小于刚刚打来电话,说在107国道上出车祸了。您的手机一直关机,他急坏了。"李总的脸色变了:"人怎么样?受伤了吗?"小于是他的儿子。"人没事。他的车追尾前车,前保险杠断了,他叫您马上过去处理。"

李总赶紧放下手中的文件,打开手机,正拨着号,小于的电话打了进来:"爸爸,你快来吧!我的车都撞烂了,急死我了!""报警了吗?""没有。""跟前面的车主协商了吗?""没有。""你在干什么?""我在等你啊!我不知道该怎么办。交警一定会罚款,会扣分,不知道会不会被吊销驾驶证。我在国道往北京方向的岔道口,你开车20分钟就能到。"李总沉默了两三秒,突然挂断电话,把手机关了。他转身对秘书说:"小于再来电话就说我不在。"

秘书呆呆地看着李总——小于可是他最疼爱的独生子。以李总现在的地位,这样的事他派助手出面就行了。李总在办公室待了整整一天,像平常一样处理文件,召集部门经理开会,和员工开开玩笑,神色毫无异常。

晚上7点钟,李总回到家。小于已经在客厅里,他呆呆地坐

着，看上去失魂落魄，脸色阴沉。"没事了？"李总问儿子。"我等了你一天，整整一天！你还是我的父亲吗？"小于站起身，眼圈红红的，他气愤地大声喊道。李总笑笑，没有回答。"你今天是不是有特别重要的事？可再重要的事能比儿子更重要吗？公司比儿子重要吗？在你的眼里，我是可有可无的吗？我是你的儿子，我希望得到一个合理的解释。"小于见父亲不说话，情绪更激动了。李总并没有生气，他拍拍儿子的肩，坐下说："儿子，我的确有重要的事要做。公司不比你重要，钱也不比你重要，可问题是我今天遇到了个难题，不知道该怎么解决。"

小于一句话也不说，等着听父亲的解释。"因为我不知道怎么解决问题，所以，我只好在办公室里等。我在等你的爷爷，等他来告诉我怎么办，我等了整整一天。"小于顿时呆了。半晌儿，他忽然明白了父亲话中的含义——爷爷已经在十年前去世了，他深深地低下了头。

成 长 智 慧

父母是儿女的一座靠山，然而，我们不该因为父母的庇护，就永远躲在他们的羽翼下过无风无雨的日子。遇到事情不要总想着依赖别人，即使是自己的父母。我们要相信，自己有处理问题的能力。

第二章

被关闭了一扇门，就去寻找一扇打开的窗

人生的转机总是出现在最危难的时候。被关闭了一扇门，就去寻找一扇打开的窗，因为总有一扇窗户是为我们打开的，而转机就从窗户开始。

最重要的事,是把你手边的事做好

今天所做之事勿候明天,自己所做之事勿候他人。——歌德

1871年的春天,英国蒙特瑞综合医科学校的学生威廉斯勒对人生中的许多问题很困惑,他不明白应该怎么处理远大的理想和身边的小事之间的关系,一个人应该有怎样的做事态度才能成功。他渴望成功,但做手边的小事又觉得没有什么意义。他甚至认为现在的学校生活枯燥乏味,没什么值得去用心的,因而他的成绩也每况愈下。

威廉斯勒找他的老师探讨这些困扰他的人生问题。他的老师推荐他阅读哲学家卡莱里写的一本哲学启蒙读物。老师说,他的书里或许有答案可以解决问题。威廉斯勒是一个意志很坚定的青年,他一向不崇拜大人物,更不相信所谓的名人名言,对许多问题一向有自己独到的见解。但既然是老师推荐,他想或许真的有用。他拿过书漫不经心地浏览起来。突然间,书中的一句话让他眼前一亮:"最重要的,就是不要去看远方模糊的,而要做手边最具体的事情。"他恍然大悟:是啊,不论多么远大的理想,都需要一点点实现啊!不论多么浩大的工程,都需要一砖一瓦垒起来啊!

他明白了,他的困惑解决了,他终于找到了人生的答案。他知道，应该让那些远大的理想高悬在未来的天空里，最紧要的是把自己手边的每件事做好。也就是从那天开始，1871年春天的一个下午，年轻的威廉斯勒开始埋头读书，因为他知道这是他目前最紧要的事情，他要把自己的成绩搞上去。半个学期以后，威廉斯勒就一跃成为整个学校最优秀的学生。两年以后，威廉斯勒以全校最优异的成绩毕业。毕业后他到一家医院做了一名医生，他认真地对待每个患者，对每次出诊都一丝不苟，他兢兢业业的工作态度和精益求精的精神，使他很快成了当地的名医。几年以后，他创办了约翰·霍普金斯学院。他把自己的人生态度贯彻到每个细节里。许多专家学者慕名来到他的学院工作，使他的学院很快成为英国乃至世界最知名的医学院。

威廉斯勒总是告诉他身边的人：最重要的是把你手边的事情做好，这就足够了。他靠着这句话，精心地做着自己的事情，他不仅成为那个时期最著名的医学家，还成为牛津大学的教授，被英国国王授予了爵士爵位。

成 长 智 慧

有的人总是心浮气躁、好高骛远，不屑于做小事，结果一事无成。其实，任何一件大事都是由若干小事构成的，在小处努力，把每一件小事做好的人，才能够成就大事。我们只要把每一件手边简单的事做好就是不简单，把每一件平凡的事做好就是不平凡，每一件小事都是通往成功的台阶。

错误并不一定是灾难，它也是成功所需要的

世上没有完美的人，更没有不犯错误的人。——耶曼逊

小马在美国学习两年，顺利地拿到了硕士学位，随即他应聘到一家相当不错的公司。公司的业务蒸蒸日上，正在迅速拓展，工作环境好，报酬相当不错，而升迁的机会也很多。以前担任小马这个职位的两位美国人，都已先后加封晋爵，独当一面去了。小马作为一名留学生，在异国他乡能谋得这样好的差事，真是难得，所以他兢兢业业，万事小心。一年很快过去了，万幸天下太平，无差无错。

年终老板召见，小马心中不由地涌起希望："被提拔的二位同仁，做满一年，或多或少，总是犯了几件错误，而我……"推开门，老板的笑容显得分外亲切。小马遵嘱侧身危坐，听候佳音。"马先生，你一年的工作很出色……"老板瞄了一下桌上的人事卷，顿了顿，调整了一下语气接着说："不过公司要紧缩人事，这是件很不得已的事情，想必你能谅解。依照规定，你可以领三个月的遣散费。相信你很快就会找到更好的工作。" 小马被这突如其来的打击惊呆了，他不知所措，停了好一阵，他才仗着胆子反问："您的意思是说我被炒鱿鱼了？犯了错？还是……"小马的语气不由得激动起来："还是因为我是中国人，就被歧视？""歧视

在强调保障工作机会平等的美国社会，是一项严重的控诉，老板不得不重视这个问题。

"马先生，不要激动。公司从几百封应征函里选中了你，可以看出公司对中国人绝没有一点歧视的意思。你确实没有犯什么错。而事实上，就是因为没有犯错，公司才决定辞退你。你知道公司正在大力推进业务，必须要有能独当一面、创业立业的人才。公司对于你的工作、你的学识都很满意，但是对于你做事的方式不能接受。我们都知道，人就是人，不是神。人都不能免于犯错。不犯错的人只有两种人：一种人不做不错，只知道在现成的路上跟着别人走，有错也让别人犯，这种人或许不会犯错，但也不会从尝试、错误中获得进步；另一种人不是不犯错，而是犯了错，隐藏蒙混得好，甚至强说那不是错……不管是哪一种不犯错的人都不是公司所需要的。"

成 长 智 慧

每个成功的人，都经历过失败，错误并不一定是灾难，它也是成功的必要因素。要敢做敢想，有想法就一定要去尝试，要在错误中鼓起勇气，认真总结失败的教训，才能从中获益。由于害怕尝试，使得本应该出色的很多人变得平庸。跳出束缚自己的安逸圈，才能找出一条新的道路，要知道原地踏步就是退步。所谓十拿九稳的事情，往往是获得回报最少的事情。风险与收益向来都是成正比的，一个人只有敢于尝试，才会最终有所收获。

命运在自己手中，每个人都是自己的上帝

平凡的人听从命运，只有强者才是自己的主宰。——维尼

有一个贫穷的工人在农场工作，有一次搬运东西时，不小心打破了一只很名贵的花瓶。农场主人知道后，要求他赔偿。但是三餐都成问题的工人，哪里赔得起那么昂贵的花瓶呢？

苦恼的工人只好到教堂，向神父请教解决的办法。神父听完工人的话，他说："听说有一种能将碎花瓶黏好的技术，不如你去学习这种技术，只要能将这个花瓶修补、复原，事情不就解决了？"工人听完后却摇了摇头，说："哪有这么神奇的技术？要把这个碎花瓶黏得完好如初，根本是不可能的事。"神父指引他说："教堂后面有一个石壁，上帝就待在那里，只要你对着石壁大声说话，上帝便会答应你的要求，去吧！"于是，工人来到壁前，大声对着石壁说："上帝，请您帮帮我，只要您愿意帮助我，我相信，我一定能将花瓶黏好！"工人的话一说完，上帝便立即回应他："一定能将花瓶黏好！"工人真的听见了上帝的声音，于是，他自信满满地向神父辞别，学习复原花瓶的高超技术去了。

一年以后，经过认真的学习与不懈的努力，他终于学会了粘贴碎花瓶的技术。他将农场主人的花瓶复原得天衣无缝，令人赞叹！这天，他将花瓶送还给农场主人后，再次来到教堂，准备向

上帝道谢，谢谢他给予的协助与祝福。

神父将他再次带到教堂后面的石壁前，并笑着对诚恳的工人说："其实，你不必感谢上帝。"工人不解地看着神父："为什么不必感谢？要不是上帝，我根本无法学会修补花瓶的技术啊！"神父笑着说："其实，你真正要感谢的人，是你自己啊！因为，这里根本就没有上帝，这块石壁具有回音的功能，当时你听到的'上帝的声音'，其实就是你自己的声音，而你就是自己的上帝。"

成 长 智 慧

命运对每个人都是公平的。人生的道路上不会只有阳光，前进的路上可能布满荆棘，无论命运把我们抛掷到哪一个角落，都要相信这个世上没有翻不过去的山。命运在自己手中，路就在自己脚下，只有自己才能改变自己的命运，每个人都是自己的上帝。

开辟属于自己的道路，才能拥有自己的光环

命运就是对一个人的才能考验的偶然。——蓬皮杜

菲利普在 13 岁那年，在学校主办的一场"卓别林模仿大赛"中获得了一等奖，回家后他立即兴致勃勃地把这个好消息告诉了母亲。兴奋之余，他忍不住还黏上了表演时的那撇小胡子，拿起雨伞，学着卓别林的模样在母亲面前走起了八字步。末了他还得意扬扬地对母亲说："评委们都说我的模仿惟妙惟肖，简直就是卓别林重生呢！"

他等待着母亲的夸奖，母亲却问了他一个莫名其妙的问题："你是谁？"他一下子愣住了，良久他才回答："我是您儿子呀，妈妈！"接着他便听见母亲冷冷地说了声："哦，原来你不是卓别林啊！"母亲的神情与语气无疑给他泼了一盆冷水，让他一瞬间从扬扬自得里清醒过来。"哦，原来你不是卓别林啊！"他细细揣摩着这句话，他知道母亲话里的含义了。

几年之后，美国好莱坞冉冉升起了一颗新星，他因独特的表演风格在演艺界崭露头角并逐渐走向成熟。2006 年 3 月 5 日，他因在《卡波特》里成功地扮演了作家杜鲁门·卡波特而问鼎第 78 届奥斯卡金像奖最佳男主角。在获奖后的日记里，他这样写道："我要感谢我的母亲，是她，在我 13 岁那年改变了我，要不然，

恐怕直到今天我还将踌躇在对前人的模仿里。她的话让我明白，我不应该去做世界上的第二个卓别林，而应该去做世界上的第一个菲利普。"

他就是第78届奥斯卡金像奖最佳男主角获得者：菲利普·西摩尔·霍夫曼。

成 长 智 慧

一个人只是一味地模仿别人，将永远生活在别人的光环下，甚至迷失了自己。我们都应该走自己的路。如果想要做出成绩，就应该自己开辟道路，这样才会有属于自己的光环。

左顾右盼会丧失时机,决定了就要着手做

入世之初应该立即抓住第一次的战斗机会。——司汤达

乔治是一个喜欢开玩笑的庄园主人,在圣诞节前夕,他觉得应该给兢兢业业的管家以嘉奖。他想到了一个办法,于是他拍着管家杰克的肩膀说:"这里有四大碗粥,我在其中一碗的碗底放了两枚金币,亲爱的杰克,看看你的运气怎么样。"管家杰克当然非常渴望得到金币,但是他不确定哪个碗底放有金币,他犹豫着把第一碗里的粥喝了一部分,忽然觉得金币应该在第二个碗里,于是他又喝了一半第二碗里的粥,但是他还是不甘心,以为金币

在第三个碗里，便把第三碗的粥又喝掉了一部分，这时他已经很饱了，但他还是改变了主意，第四碗粥又被他艰难地喝了一半——这时候，杰克感到自己的胃再也装不下任何东西了。

结果，他每碗都喝了一部分，却一枚金币也没有得到。其实，主人乔治在每碗粥的碗底都放了两枚金币，管家杰克只要随便喝掉其中一碗粥，都会得到梦寐以求的金币。

成长智慧

在生活中，很多人都渴望得到梦寐以求的东西，但当他们有机会追求时，却往往不知该怎样面对，左顾右盼拿不定主意，事情也总是做得虎头蛇尾，直到机会从身边溜走，才发现自己什么都没有做成。决定了就要着手做，左顾右盼只会一无所获。

如果门被关上了,我们可以瞄准窗户

生命的全部的意义,在于无穷地探索尚未知道的东西。——左拉

秋季开学后,科罗拉多大学法学院院长决定,希尔曼不能再回去上课了,原因是他的成绩太差。希尔曼的父亲与法学院院长爱德华·金取得了联系,但没能改变那个决定。金院长说:"希尔曼是个非常好的青年,但他不可能成为一名律师。他最好去做其他职业。我建议他留在他周末打工的那个食品杂货店里。"希尔曼给院长写信,申请重读,但杳无音讯。希尔曼感到心烦意乱,在重大事情上,他从未真正受过挫折。高中时他是个受欢迎的学生,是一个非常受人尊重的足球运动员。他不费吹灰之力,就进入了科罗拉多大学,并正式被该学校最负盛名的法学院录取。

希尔曼的父亲文化不高,他当了40多年铁路邮局办事员。但他热爱学习,同时他知道儿子极想成为一名律师,他建议希尔曼考虑一下威斯敏斯特法律学院,那儿开设了晚间课程,父亲的建议切合实际,同时又强烈地挫伤了希尔曼的自尊。科罗拉多大学是一扇通向法官宝座和声名显赫的律师事务所的大门;而威斯敏斯特法律学院则是一所穷人学校,那儿没有享受终身职位的教授,也没有法律权威评论,其学生白天都在打工。但是,希尔曼最终还是去见了威斯敏斯特学院的院长克里福特·米尔斯。

米尔斯看了一下希尔曼的大学成绩报告单，直率地说："在高中时，你在体育课、西班牙语课和学生组织能力方面表现突出。"他说的没错。希尔曼好不容易进入大学，却没有承担起大学生应尽的义务，他缺乏良好的学习习惯，这些终使他自食其果。米尔斯院长允许希尔曼在威斯敏斯特学院注册入学，但有一个条件，他得重修一年级的所有课程。院长说："我将时刻监督你。"因为这是第二次机会，希尔曼加倍努力地学习，并且对法律证据产生了浓厚兴趣。第二年，教希尔曼课程的一位教授过世了，希尔曼不可思议地应邀接讲那门课程。法律证据研究后来成了希尔曼的终身专长。28岁那年，他成了丹佛市最年轻的乡村法官；而后，他当选了地方法院法官；接着被总统任命为美国联邦司法部地方法院法官。后来，他获得了科罗拉多大学授予他的名誉法学博士学位。

成 长 智 慧

诚然，被人否定是件极不愉快的事，但不要因为别人对我们的否定就裹足不前。如果门被关上了，我们可以瞄准窗户。选准一个目标，为它付出辛苦，别人没能坚持的事情，而你坚持下来了，你就是成功者。

用成功去回应不平,才是最好的回击方式

路是脚踏出来的,历史是人写出来的。人的每一步行动都在书写自己的历史。——吉鸿昌

19世纪末是经典物理学向现代物理学转化的时期。英国物理学家麦克斯韦则是科学革命前的重要转折人物,一方面,他是近代物理学的巨匠、经典物理学大厦的主要完成者之一;另一方面,他由于加速了牛顿力学观的崩溃而成为现代物理学的先驱。

麦克斯韦对科学的伟大贡献在于他提出和发展了新的世界观,为未来的科学研究指明了方向。他的电磁学理论通向相对论;他的气体动力学理论对量子论起过作用;他筹建并领导的卡文迪许实验室引导了实验原子物理学的发展。这一切使他成为牛顿之后、爱因斯坦之前最重要的物理学家。

然而,他的童年却经历过许多困难和挫折。麦克斯韦生长于父亲的老家盖洛韦乡村,因此操着浓重的盖洛韦乡音。第一天上课,他就受到了同学们的嘲笑,那是在老师点名叫他回答问题的时候,麦克斯韦刚一开口,那浓重古怪的口音便引得同学们哄堂大笑。有一次因为他发音实在是太古怪了,连一位文绉绉的女教师都忍不住笑出了眼泪。因此老师们便很少再提问他,麦克斯韦也更趋于孤僻。

在服饰上,麦克斯韦也与众不同。在19世纪,英国人是十分讲究衣饰打扮的,女子以华贵为时髦,男子要戴高筒礼帽,穿着笔挺的衣服,衬衫的领子要做得硬邦邦的。而麦克斯韦的父亲则认为这样的服饰一来不利于活动,二来洗起来也不方便,于是他自己动手设计、剪裁,按照苏格兰人简朴、实用的原则为儿子做了一套简便的紧身衣,可以不穿外套,也没有累赘的硬领。不仅如此,麦克斯韦的皮鞋也是父亲做的,也许是为了缝合时的方便,皮鞋头是方形的,鞋帮上用金属扣扣紧。不料这些"奇装异服"使麦克斯韦成了同学们嘲笑和攻击的对象,城里孩子不仅讥笑他,排挤他,而且还撕破他的衣服,偷走他的腰带。他们还给他取了一个外号——"傻瓜",这个外号在学生时代一直跟随着他,实际上它的意思与其说是指愚蠢,更不如说是指古怪。

父亲见儿子如此受到侮辱,深感痛惜,他决定不再让孩子穿自己设计的衣服。麦克斯韦尽管眼泪汪汪,但是却倔强地坚持要穿到底,因为他信任自己的父亲,认为父亲的设计是无可非议的,为此他不怕别人的嘲讽。麦克斯韦依然穿着那样的衣服进出课堂,为了捍卫自己的尊严,他转向那些欺侮人的家伙,并且不停地挥舞拳头,打得他们不敢吭声。城里的孩子发现麦克斯韦并不是可以随意欺侮的,于是开始有意地孤立他。麦克斯韦因此也很少与大家来往,课下,他总爱独自坐在树下读诗歌,画一些只有自己才看得懂的图画,或者一个人躲在教室的角落里,专心致志地演算父亲给他出的数学题。在班里,面对同学的冷嘲热讽,他沉默不语,但他却从没低过头,当忍无可忍的时候,他就用尖刻的话语来回击。整个爱丁堡公学只有两个人与麦克斯韦要好——坎贝尔和泰特，他们也常在班里受欺侮，三人同命相连。这两个人后来也和麦克斯韦一样有作为，坎贝尔成了古典文学学者，泰特成了数学和物理学家（自然哲学家）。麦克斯韦最初在爱丁堡公学时，尝尽了冷眼和孤独，但是天才的光芒是永远不会被埋没的。到了中年级的时候，他的勤奋刻苦创造了奇迹。

在一次学校举行的数学和诗歌比赛中，麦克斯韦脱颖而出，一举夺得了两个项目的最高奖。结果一公布，不仅让全班同学目瞪口呆，就连老师们也大感意外，他们这才意识到，班里这个独来独往的"傻瓜"原来有着如此的才华。这次比赛改变了麦克斯韦在班上的地位，优秀的学生总是受人尊敬的，于是再也没有人取笑他的口音和着装了，同学们有了疑难问题也都向他请教。麦克斯韦成了全校的尖子生，获得了许多奖励。

成长智慧

要成功首先要学会容忍，容忍不公平的待遇，容忍孤独和寂寞，但容忍不是自暴自弃，也不是懦弱，而是积蓄自身力量的过程。对于一些恶意的中伤，不必低头，也不必理会，做好自己的事，用成功去回应这些不平，才是最好的回击方式。

每次把目标缩小一点,也会离梦想更近一点

没有目标,哪来的劲头?——车尔尼雪夫斯基

英国著名作家莱德在二战结束后谋到了一个写广告剧本的差事。出于对他的信任,广告公司没有明确他一共需要写多少个剧本。心平气和的莱德就一直不停地写,最后,他竟然完成了 2 000 个广告剧本,这个成绩后来连他自己都感到吃惊。如果当初广告商要与他签订合同的话,别说 2 000 个剧本,就是 1 000 个,他也未必敢揽这份差事。

著名的撑竿跳高运动员布勃卡,他有个绰号叫作"一厘米王",因为在一些重大的国际比赛中,他几乎每次都能刷新自己保持的纪录,将成绩提高 1 厘米。当他成功地跃过 6.25 米时,不无感慨地说:"如果我当初就把训练目标定在 6.25 米,没准儿我自己会被这个目标吓倒,跳不过去呢。"

在英国威斯敏斯特教堂旁边有这样一块墓碑,上面刻着一段非常著名的话:"当我年轻的时候,我梦想改变这个世界;当我成熟以后,我发现我不能够改变这个世界,我将目光缩短了些,决定只改变我的国家;当我进入暮年以后,我发现我不能够改变我们的国家,我的最后愿望仅仅是改变一下我的家庭,但是,这也不可能。当我现在躺在床上,行将就木时,我突然意识到:如

果一开始我仅仅去改变我自己,然后,我可能改变我的家庭;在家人的帮助和鼓励下,我可能为国家做一些事情;然后,谁知道呢?我甚至可能改变这个世界。"

成长智慧

梦想太过遥远,会让人感觉心有余而力不足,往往会半途而废。每次都把目标缩小一点,这样会很容易做到,而我们的梦想也就会离我们更近一点。

第三章

要么改变环境，要么适应环境

更多时候，我们应该学着适应周围的环境。如果我们对环境真的有许多不满，与其抱怨，不如动手改变它，或调整自己的心态适应它。只有这样，才能更好地生存。

跳出为自己划的圈子,才能有所突破

人生最终的价值在于觉醒和思考的能力,而不只在于生存。

——亚里士多德

几年前,李晴南下求职,根据她的专长和才华,负责一个部门运行不成问题。她的一个朋友给一家电信公司的王总工程师写了一封推荐信,然后让李晴约定时间去面试。没想到李晴却说自己从来没有在这样大的电信公司做过主管,恐怕面试无法通过,或者做不好工作,丢了朋友的面子,她更愿意"退而求其次"。

她先给几家用人单位寄去简历,足足等了半个月,结果石沉大海;接着,她又去区级人才市场或者职业介绍所,见了几家用人单位,结果都是"高不成,低不就"。最后,她打电话给电信公司的王总工程师,总工办秘书接过电话问道:"请问您找哪一位?"她回答说:"请找王总。"秘书说:"对不起,王总正在开会,可以请您留下口信吗?"她又不好意思留口信。

一周后,那位朋友给她讲了一个跳蚤的故事。有人做过这样一个实验:把一只跳蚤放进玻璃杯,发现跳蚤跳的高度一般可达到它身长的400倍,如果再增加一些高度,跳蚤就跳不出来了。但是当你把一盏酒精灯拿到杯底,跳蚤热得受不了的时候,它就会"噌"地一下,从杯里跳了出去。正如兵法上所说的"置之死地而后生"。

李晴很快领悟了,第二天刚上班,她就给王总打电话,又是秘书接的电话,但这次她直呼王总的名字,秘书不敢怠慢,很快接通了电话……

现在李晴早已成为那家公司的设计室主管。王总曾经多次对李晴的朋友说:"我真该感谢你,你给我们公司介绍的这名员工事诚实、能干、进步最快。"

成长智慧

有许多人在无形中为自己划了一个圈子,限制了自己的行动。人生中如果有不满意的地方,一定是某些圈子让我们作茧自缚,我们必须自己找到突破口,然后突破限制,才可以大步向前迈进。不要让那个圈子成为你退缩的借口,你只要敢于突破自己,就可以获得成功。

要尽力适应环境,也要努力改变环境

重要的不是环境,而是对环境做出的反应。——鲍勃·康克林

有一个自认为落魄不得志的人,去找一位智者。

智者看着他,深思良久,默然舀起一瓢水然后问:"这水是什么形状?"没等回答,他又把水倒入杯子,这时,这人恍然大悟:"我知道了,水的形状像杯子。"智者无语,他又把杯子中的水倒入旁边的花瓶,这人说道:"我知道了,水的形状像花瓶。"智者摇头,轻轻端起花瓶,他又把水倒入一个盛满沙土的盆。清清的水便一下融入沙土不见了。这个人陷入了沉思中。智者弯腰抓起一把沙土,叹道:"看,水就这么消逝了,这也是一生!"这个人对智者的话咀嚼良久,高兴地说:"我知道了,您是通过水告诉我,社会处处像一个个规则的容器,人应该像水一样,盛进什么容器就是什么形状,而且,人还极可能在一个规则的容器中消逝,就像这水一样,消逝得迅速、突然,而且一切无法改变!"这人说完,眼睛紧盯着智者的眼睛,他现在急于得到智者的肯定。

"是这样。"智者拈须,转而又说:"又不是这样!"说毕智者出门,这人随后跟着。在屋檐下,智者伏下身子,手在青石板上的台阶上摸了一会儿,然后顿住。这人把手伸向刚才智者所触之地,他看见有一个凹处。他不知道这本来平整的石阶上的"小窝"藏着什么玄机。智者说："一到雨天，雨水就会从屋檐落下，这个凹处就是水落下的结果。"

此人遂大悟："我明白了，人可能被装入规则的容器，但又应该像这小小的水滴，击穿这坚硬的青石板，直到改变容器。"智者说："对，时间长久了，这凹处就会变成一个洞！"

成 长 智 慧

任何一种环境，都给人发展的机会，随环境调整自己的心态，紧紧抓住这些机会，自然能打拼出一番成绩。当环境限制我们的能力发展时，也不要过于偏执地适应糟糕的环境，我们本身就生活在这个环境中，事在人为——可以改善环境。

把自己完全沉浸在工作里，才会超越别人

　　　　世界上最快乐的事，莫过于为理想而奋斗。——苏格拉底

　　奥地利德语作家茨威格在 25 岁的时候，曾到罗丹家里做客。茨威格看到，在罗丹简朴的工作室里，有完成的雕像；许许多多小的塑样：一只胳膊，一只手，有的只是一个手指或者指节；还有堆着草图的桌子。这就是他一生不断地追求与劳作的地方。

　　罗丹罩上了粗布工作衫，他在一个台架前停下，"这是我的近作。"他说。他把湿布揭开，是一座以黏土塑成的女子正身像。"这已完工了。"茨威格想。罗丹退后一步，仔细看着塑像，但是在审视片刻之后，他低语着："这肩上的线条还是太粗，对不起……"罗丹拿起刮刀、木刀片轻轻地滑过软和的黏土，给肌肉一种更柔美的光泽。他健壮的手动起来了，他的眼睛闪耀着光芒。"还有那里……还有那里……"他又修改了一下，他走回去。他把台架转过来，含糊地吐着奇异的喉音。时而，他的眼睛高兴得发亮；时而，他的双眉苦恼地蹙着。他捏好小块的黏土，黏在像身上，刮开一些。这样过了半点钟，一点钟……他没有再同身边的人说过一句话，他忘掉了一切，除了他要创造的更崇高的形体的意象。他专注于自己的工作，犹如创世之初的上帝。最后，他扔下刮刀，把湿布蒙在女子身上，转身要走。

在罗丹走到门口之前,他看见了茨威格。罗丹凝视着他,就在那时他才记起这位客人,他显然对他的失礼而惊惶。"对不起,先生,我完全把你忘记了,可是你知道……"茨威格握着罗丹的手,感到非常激动。

茨威格后来回忆道:"那一天下午,我在罗丹工作室学到的比我多年在学校里学到的还要多。从此,我知道了人类的工作必须怎样做,假如那是好而又值得的。再没有什么像亲见一个人全然忘记时间、地方与世界那样使我感动。那时,我参悟到一切艺术与伟业的奥妙——专心,完成或大或小的事业的全力集中,把易于弥散的意志贯注在一件事情上的本领。于是,我察觉到至今在我自己的工作上所缺少的是什么——那能使人除了追求完整的意志而外把一切都忘掉的热忱,一个人一定要能够把他自己完全沉浸在他的工作里,我现在才知道——没有别的秘诀。"

成 长 智 慧

如果一个人能为了自己的事业而心无旁骛,投入所有的时间及精力,发挥所有的才能,那么他一定会取得非凡的成就。因为,一个工作中专注的人才会比其他人收获的更多。

想要得到什么，需要先给出什么

　　春天不播种，夏天就不生长，秋天就不能收割，冬天就不能品尝。——海涅

　　一天，一个烫着卷发、美丽动人的妇人来到艾诗蒂的美容院，她衣装雅致，引起了对美有着特殊爱好的艾诗蒂的注意。

　　艾诗蒂称赞她衣服漂亮，并询问衣服购自何处。

　　谁知这位妇人眼也不抬，冷冷地说："告诉你又有何用？难道你穿得起这样的衣服吗？"

　　艾诗蒂满脸通红，默默地走开了。正是这位妇人改变了艾诗蒂一生的事业。

　　艾诗蒂决定开创化妆品事业初期，她既没有资金打广告，产品也没有打入大型商场。

　　但她有一个女人的直觉：在适当的时候，把试制的化妆品样品作为礼物送人，其推销效果会更好。

　　机会终于来了。

　　当她得知纽约最豪华的第五街萨克斯百货公司的助理采购员姆斯小姐，由于汽车事故而使脸上留下难看的疤痕时，艾诗蒂主动把自己生产的雪花膏给她送去。几个星期后，这位小姐脸上的疤基本消失了。

没几天，萨克斯公司的化妆品采购员主动找上门来，向艾诗蒂订购了一批货。

艾诗蒂回忆说："当时我高兴地大声高呼：机会终于来了。"

在一次舞会上，艾诗蒂认识了当时纽约美容业的名家海达娜·鲁宾斯坦夫人。

在仔细端详了这位夫人之后，艾诗蒂很有礼貌但也很直率地对她说："很荣幸能认识您。您长得很漂亮，也很可爱，但是如果您在脖子上再擦上一点雅诗兰黛粉饼，那就更美了！"说完，艾诗蒂随即赠送了一盒雅诗兰黛化妆品给海达娜·鲁宾斯坦夫人。

就这样，或赠送，或在慈善活动时免费派发，或随购买的商品一并赠予顾客，艾诗蒂为自己的化妆品打开了市场，因此赢得了成千上万的顾客。

成长智慧

不管做什么事情都要随时做好准备，要把握每一个机会，只有这样才能获得成功，并且还要知道"欲取之，必先予之"的道理。

抓住不经意间的发现，或许会因此改变命运

人们若是一心一意地做某一件事，总是会碰到偶然的机会的。——巴尔扎克

英伦三岛是欧洲最潮湿多雨的地方。因为常年云雾笼罩，伦敦便成了世界上有名的"雾都"。而比起"雾都"，苏格兰的天气就更糟了，这里常常一连数月阴雨连绵，不见天日，因此人们戏称，苏格兰是个"天漏"的地方。

在苏格兰，有许多规模很大的橡胶园，在橡胶园里割胶只能在露天劳作，这是一件十分辛苦的工作。许多割胶工人，因为家境贫困，买不起雨伞，便只能冒雨赶路上下班，天长日久，许多工人都患上了各种各样的疾病。

麦金托什是一个家境贫寒的橡胶工人，他也得了严重的风湿症。妻子心疼极了，她背着麦金托什节衣缩食，悄悄为他添置了一件新外衣，让丈夫外出工作时少受些风寒之苦。

这天，麦金托什穿着新外衣，兴冲冲地上班去了。想到妻子的爱他心里暖融融的，他想自己应多挣些钱回去，给家里改善改善伙食，想到这里，麦金托什干得更卖力了。

"喂，伙计，你在玩命吗？快歇一会儿吧！"一个同事看到麦金托什没命地干了整整一上午，不忍心地招呼说。

"那就歇一会吧,实在累坏我了。"麦金托什说着,把割下来的一大桶橡胶液提放到一旁,准备休息。可一不小心,一大滴橡胶液溅到他的新外衣上了。

"唉,糟了,这下新衣服给弄脏了。"麦金托什连忙用手指去抹溅到衣服上的橡胶,可哪里抹得掉啊!橡胶是一种十分黏稠的液体,麦金托什几次揩抹,结果反而弄脏了一大片。麦金托什懊恼地想:新衣服第一次穿,就弄了这么大一块脏斑痕,真对不起妻子。下午干活的时候,他索性把新外衣脱了,放在一旁。

下班路上,下起了雨。麦金托什加快了脚步,可雨越下越大,麦金托什没有雨伞,他只好冒着大雨在路上奔跑。

"呀!看你淋得像只落汤鸡,快把湿衣服脱下来,别着了凉。"

妻子忙着帮麦金托什脱下外衣。

"哟——奇怪，其他地方都湿透了，你后背上的内衣怎么没有受潮？"妻子惊奇地问。

麦金托什拿起外衣一看，外衣背后的干处正好是被那滴橡胶液弄脏的地方。"难道说用橡胶液涂在衣服上可以防雨？"麦金托什立刻做起实验来——他在一件旧外衣上全部涂了橡胶，并在雨中走了一圈，果然里面的衣服没有被淋湿，橡胶确实可以用来防雨。

世界上第一件雨衣就这样在麦金托什手中诞生了。这个故事发生在1823年。后来，人们为了感谢麦金托什，便把这种雨衣叫作麦金托什。

成 长 智 慧

留意我们身边的东西，有些新东西是在不经意间出现的，如果能够抓住这些不经意，那么，就有可能是一项伟大的发现。

不要盲目地向外寻找,财富其实就在身边

生活中最没有用的东西是财产,最有用的东西是才智。——莱辛

沃尔顿和另外一个青年不约而同地来到这个西部城市做着相同的生意。由于两人都是单枪匹马在外边,不仅生意需要相互帮忙,就连生活也需要相互照顾,所以他们成了好朋友。白天他们走街串巷叫卖,晚上一起住旅馆。他爱读书,每到晚上他就躺在床上不停地翻书看。而那个青年则爱研究地图,他既看本国地图,也看世界地图,还时不时地在地图上做各种标记。

两年后,两人都有了点积蓄,他们决定回家乡创业。回乡后不久,那个青年觉得家乡还没开发,没什么钱可赚,她听说东部的钱好赚,于是决定去那里发展。临行之前,他邀请沃尔顿同去,可沃尔顿考虑再三,却拒绝了,他决定就在这儿开始创业。因为,他听过这样一句话:小生意靠守,大生意靠跑。他没有钱做大生意,只能先做小生意,况且,这儿又是人口密集区,做小本零售生意肯定赚钱,于是,他守在居住区做起了日用百货零售小生意。果然如他所料,他的生意很赚钱,来他这儿买各种日用品的顾客络绎不绝。很快,他就扩大了店面。10年后,他建立了功能齐全的超级市场,专门经营日用品,他理所当然地成了这家超市的总经理。

生意做到这个份上，已经比较"大"了。这时他想：当年创业时，做的是小本生意，靠的是"守"，现在有了一定实力，到了该"跑"的时候了。于是，他鼓励员工和部门主管都积极地行动起来，去各地拓展市场。他说，坐着不动是永远赚不到大钱的，要想赚大钱，就要动起来。从此，他的超市"跑"向全美国，进而发展到全世界。他每个超市在当地扎下根后，再采用"守"的方法经营起来，进而成为行业领头羊。由于各地连锁超市的形成，他自然成了董事会的首席执行官。他，就是今天家喻户晓的沃尔玛零售帝国的创造者——萨姆·沃尔顿。

与此同时，当年他的那个朋友也赚了些钱，只不过，他还是喜欢四处奔跑寻找商机。10多年来，他在国内外开了许多小公司，做着跨行业的生意。为了照顾他的生意，他每天不是在飞机上，就是在去飞机场的路上。但即使这样，又一个10年后，他还是面临着破产。为了获得周转资金，他向萨姆·沃尔顿求助，萨姆·沃尔顿答应了他。

到了约定见面的那天，他早早地来到萨姆·沃尔顿的办公室，却发现萨姆·沃尔顿正在超市外面爬上爬下、满头大汗地修理汽车。原来，一个客户来这儿买了许多东西，汽车却抛锚了。萨姆·沃尔顿恰好路过这儿，他对修理很在行，于是他操起工具帮那位顾客修起车来，半个小时之后，汽车修好了。萨姆·沃尔顿这才和朋友一起向他的办公室走去。朋友不可思议地问他："你身为董事长，怎么还干修车这样的活？"他却轻松地回答道："做生意不仅要'守'、要'跑'，还要'稳'，要把客户稳住，让他们下次愿意再来这儿买东西。我敢保证，刚才那个顾客过不了几天还会来的。"朋友又问:"老兄,我一直很不理解,我每天奔波在各地,和你一样勤奋,可现在,你拥有超过百亿美元的财富,而我却捉襟见肘!咱们一同创业,为什么差距这么大呢?"萨姆·沃尔顿想了想,说:"当年刚开始做生意的时候,我读过这样一本书,说的是保险推销员费利的故事。按说,推销员应该每天冲锋在外,跑的地方越多越好。可是,费利却不这样做。他给自己定的业务范围是距自家 20 公里以内,在这个范围内,他专心致志把业务做精做好,结果证明,相比那些从这个城市推销到另外一个城市、不停奔跑的推销员,费利卖出去的保险是最多的。后来,由于他的业绩做得最好,就成了保险公司经理。"

　　萨姆·沃尔顿对他的朋友说:"费利的故事给了我很大的启示:财富在哪儿?财富就在身边,这就是我不出去盲目乱跑的原因。我想,在生意还未做大之前,先守住一块地方再说,我只要一心一意地干好我的沃尔玛,就能发财。"

成 长 智 慧

　　在生活中,我们所追求的不一定在离我们很远的地方,只是我们习惯将眼光放在远处——即使长途跋涉使我们劳累也在所不惜,似乎只有远处才有美丽的风景。其实,我们忽略了:身边秀丽的风光足够我们欣赏了。同样,其实财富就在我们身边。

找出问题的症结所在，及时调整方针策略

运气通常照顾深思熟虑者。——诺贝尔

美国明尼苏达州柴油公司的赛德里亚分厂，在创办初期经营得很不景气，产品的质量不稳定，机器的利用率低，工人的缺勤现象严重，且工伤事故经常发生，各种内忧外患使其几近破产。

工厂的处境使厂长史密斯焦急万分，但是面临挫折和来自上下的压力，他没有一味地蛮干下去，更没有退缩，而是找来各方面的专家研究分析工厂经营不善的原因。经分析发现，其症结在于实行的多层次领导管理体系，在这种管理体系下，领导与职工之间及各层次领导之间缺乏沟通，他们各自为政，致使整个工厂没有通盘的计划，处于一种得过且过的混乱状态。

于是史密斯对症下药，实行了一套新的管理办法，重新设计工作环节，改善劳动环境。

全厂从经理到操作工全部编成以20人为一个单位、有一定自治权的制造小组。每个小组都要学会"料理家务"，从事一系列的所谓垂直性工作，如清点存货，采购原料，记录生产费用，检验进货，登记考勤和工作表现，编制预算，监督安全措施等。他给予每个组以较大的自主权，使它们有权自行招雇新工人，辞退不称职的组员。

由于柴油机的很多部件需要几个小组合作制造，这样无形中给速度慢的小组造成了一种压力，促使他们提高工作效率。史密斯给每个小组指派了一个顾问，取代了从前凌驾于工人之上令人讨厌的监工。顾问的任务是培训工人，帮助小组提高自治能力。新管理体系实行两层领导制，最高一层是由厂长和董事组成的工厂作业组，主要负责与公司总部共同制定生产任务，拟订全厂的生产计划及做出政策决定。第二领导层是工人代表会，工人代表由各部门推选产生，他们定期召开会议讨论厂里的各种问题，工人的意见由工人代表带给工厂作业组。此外，史密斯本人还每星期都邀请一部分工人促膝谈心，由于他注意保密谈话的内容，因而很快取得了工人们的信任。

总方案实施后，取得了令人鼓舞的效果，它不仅使赛德里亚厂获得了新生，而且使它很快成了总公司的明星分厂，而史密斯本人也因其在赛德里亚厂的成绩被调往总部担任副总经理的职务。

成 长 智 慧

一个人在失败面前，如果一味地蛮干下去，等待他的只能是又一次的失败。失败和挫折中通常都暗含着取得胜利的"处方"，我们要认真地反省自己，分析失败的原因，找出问题的症结所在，及时调整方针策略，才能扭转局面。

我们必须历经磨炼,这是积蓄成功的过程

逆境给人宝贵的磨炼机会。只有经得起环境考验的人,才能算是真正的强者。——松下幸之助

莫泊桑是法国批判现实主义作家,他一生写了340多篇短篇小说和6部长篇小说,其形象地揭露了资产阶级虚伪、自私的反动本质。他的文学成就以短篇小说最为突出,他写出了《羊脂球》《项链》等一大批精品著作,被誉为"短篇小说之王",对后世产了生极大的影响。

莫泊桑13岁时,考入了里昂中学,他的老师是当时著名的巴那斯派诗人布耶。布耶在学校里发现莫泊桑经常写诗,便把他的练习本拿去翻阅。练习本上有这样几句诗:"人的生命,有如船在海上驶过的水痕,慢慢儿远,慢慢地淡。"这几句诗多少有些消极情绪,但有诗意,文句也很优美。布耶觉得他有写诗的才能,便不断引导他,启发他。为了更好地培养他,布耶想请福楼拜帮助他。正巧莫泊桑的舅父也是福楼拜的朋友,因此莫泊桑萌发了拜福楼拜为师的想法。

福楼拜是世界闻名的作家,当时的他在法国享有较高的声誉。他看了看莫泊桑的作品,对他说:"孩子,我不知道你有没有才气,你带给我的东西里表明你有某些聪明。但是,你永远不要忘记,按一位作家的说法,才气就是坚持不懈,你得好好努力呀!"莫泊桑点点头,将福楼拜的话牢牢记在心里。福楼拜想考一考莫泊桑的观察能力和语言功底。一天,福楼拜带莫泊桑去一家杂货铺,回来后要莫泊桑写一篇文章,要求所写的货商必须是杂货铺的那个货商,所写的事物只能用一个名词来称呼,只能用一个动词来表达,只能用一个形容词来描绘,并且所用的词应是别人没有用过甚至是还没有被人发现的。莫泊桑严格按照老师的要求去做,他写了改,改了写,反反复复,福楼拜看后露出了满意的笑容。

在福楼拜的严格要求下,莫泊桑的学业进步飞快。后来,他开始写剧本和小说,写完就请福楼拜指点,福楼拜总是能指出一大堆缺点。莫泊桑将作品修改后寄出发表,但是福楼拜总是不同意,并且告诉他,不成熟的作品不要寄往任何刊物。刚开始,莫泊桑唯命是从,福楼拜不点头,他就把文稿放在柜子里。慢慢地,文稿堆起来竟有一人多高,莫泊桑开始怀疑福楼拜是不是在有意地压制自己。

一天,莫泊桑闷闷不乐,到果园去散心。他走到一棵小苹果树跟前,只见苹果树上结满了果子,嫩嫩的枝条被压得贴着了地面,再看看两旁的大苹果树,树上虽然也果实累累,但枝条却硬朗朗地支撑着。这给了他一个启示:一个人,在"枝干"未硬朗之前,不宜过早地让他"开花结果","根深叶茂"后,是不愁结不出丰硕的"果实"来的。从此,他更加虚心地向福楼拜学习,决心使自己"根深叶茂"起来。

1880年,莫泊桑已经30岁了,可是他在文坛上仍默默无闻。这一年,他写了篇题为《羊脂球》的短篇小说,并把它送给福楼拜请求指点。福楼拜读完这篇小说后,兴高采烈地向他的学生祝贺说:"这篇小说写得太好了,说明你的作品已经成熟了,完全可以面世了!"不久,《羊脂球》正式发表。这篇小说一问世,就震动了法国文坛,使莫泊桑一举成名。人们争相传阅莫泊桑的作品,但他们哪里知道,这部作品是他长期顽强训练的结果,其中也凝结着老师福楼拜的心血。

成 长 智 慧

成功者大都历经磨炼,这是一个积蓄成功的过程。一个人只有经历长久的历练,才会拥有成功的筹码。

第四章

机遇不是等来的，而是自己创造的

多数时候，成功的机遇不是空等来的，而是由我们自己创造的。所以，不要等着机遇来找我们，而是要主动地寻找那些可以让我们成功的机会。

抓住灵感的火花,把灵感进行到底

要注意留神任何有利的瞬时,机会到了莫失之交臂!——歌德

1947年2月的一天,当拍立得公司的总经理兰德正在替女儿照相时,女儿不耐烦地问,什么时候可以见到照片。兰德耐心地解释,冲洗照片需要一段时间,说话时他突然想到,为什么我们要等上好几个小时,甚至几天才能看到照片呢?如果能当场把照片冲洗出来,这将是照相术的一次革命。兰德必须掌握解决所有这些问题的方法,他以令人难以置信的速度开始工作,6个月之内,他就把问题基本解决了。

诚如他的一名助理所说:"我敢打赌,即使100个博士,10年间毫不间断地工作,也没有办法重演兰德的成绩。"这话毫不夸张。

但兰德无法解释自己经历过的发明过程。他相信人类和其他动物的本质区别,就在于人有创造能力。"你能想象吗?"他问,"一个猿猴发明一个箭头?"

有好多人说,现代人已经在科学上找到了一项新工具,能够代替人创造发明,他对这种说法感到十分不耐烦。他倒是相信,发明是人类很早以前就有的能力,只是至今还一点都弄不清楚它究竟是怎么回事。

"我发现,"兰德说,"当我快要找到一个问题的答案时,极重要的是，专心工作一长段时间。在这个时候，一种本能的反应似乎就出现了。在你的潜意识里容纳了这么多可变的因素，你不能容许被打断。如果你被打断了，你可能要花上一年的时间才能重建这 60 个小时打下的基础。"

直到 1946 年，兰德的助手还只有寥寥几位。因为世界大战的关系，这些年轻的助手都没有受过正规的科学训练，尽管他们都很聪明。说来也巧，他们几乎都是从史密斯学院毕业的。他的一个最得力的助手是专门研究 60 秒照相术的。她是普林斯顿大学一位数学教授的女儿，名叫密萝·摩丝，摩丝小姐后来成为拍立得黑白底片研究部门的主任，兰德说她对兰德相机有许多重要的贡献，尤其在软片方面。

60 秒照相术所用化学原料和技术等，是个商业秘密。他们在调制配方的时候，药瓶上只写着代号。

60 秒相机在 1947 年成功推出之后，兰德想尽快把它推销到市场上去。难题是怎样推销。兰德和他的助理请来哈佛大学商业学院的市场专家，一起研讨对策，有一阵子他们还真想采取沿门推销的方式。但是后来，他们倒觉得用一般的销售方式就行了，他们请来一位声望很高的人帮他们推销这款相机，他的名字叫何拉·布茨。

布茨一见兰德的照相机立即狂热起来。他在 1948 年加入拍立得公司，成为公司的副董事长，并且身兼总经理。他不只替拍立得带来响亮的名气，而他个人在推销方面，也显示了极高的才华。他没有利用什么推销组织就把照相机卖了出去，他花的广告费用也极少。

布茨跟他的推销主任罗勃曼想出了一个办法。他们在每个大城市选一家百货公司,给他们30天推销兰德照相机的时间,条件是百货公司要在报纸上大做广告,拍立得只是从旁协助,而且要在百货公司里大张旗鼓地推销。

1948年11月26日,兰德照相机首次在波士顿一家大百货公司上市。大家争相抢购,忙碌的店员不小心竟把一些没有零件的展览品也卖了出去。这种势头促使拍立得公司大量生产兰德照相。布茨在迈阿密用了一个别开生面的推销方法。他想让那些来迈阿密度假的有钱人买照相机,因为他们大多来自美国各地,等他们回去的时候,无形中就成了兰德照相机的宣传员。

为了加强效果,布茨还雇了一些妙龄女郎和一些帅气的救生员,他们在游泳池和海滩附近,使用兰德照相机与游客合影,然后把照片送给那些吃惊的游客。几个星期之内,迈阿密商店里的兰德相机就被抢购一空。

推销活动从一个城市移到另一个城市。尽管全国多数的照相机销售店冷淡地接受兰德相机,但拍立得1949年的销售额却高达668万美元,其中500万美元来自新相机和软片。

成 长 智 慧

不要忽略我们生活中某些不经意间的想法,每个想法都是大脑中灵感的火花,都有可能成为一个新的构想,抓住它不要放弃,你就可能会因此而成功。很多成功人士之所以能成功,正是因为他们能及时抓住很可能一闪即逝的灵感,并能把灵感进行到底。

不放过一些偶然现象，才能有"重大发现"

一个人必须为自己创造机会，就像时常发现它一样。——培根

1820年，哥本哈根的奥斯特偶然发现：通过电流的导线周围的磁针，会受到力的作用而偏转。这一发现说明电流会产生磁场，从此电和磁就结合起来了。

为了研究胰脏的消化功能，明可夫斯基给狗做了胰切除术。这只狗的尿引来了许多苍蝇，明可夫斯基对狗尿进行分析后，发现其中有糖，于是猜想胰和糖尿病有密切关系。

20世纪初，美国墨西哥湾的海面上忽然出现了一个奇怪的现象：海水上漂着一层油花，油花在太阳光下闪闪发光。原来在海底储藏着丰富的石油。后来不久墨西哥湾就建立起世界第一口海上油井，开了海底采油的先河。

1895年，伦琴偶然在阴极射线放电管附近放了一包密封在黑纸里的、未曾显影的照相底片，当他把底片显影时，发觉它已跑光了。如果一个漫不经心的人，可能会说："这次跑光了，下次放远一些不就得啦！"可是伦琴却没有放过这一线索。他认为，一定有某种射线在起作用，并给它取名叫X射线，这个怪名称表示他对这种射线还很不了解。不过他指出：X射线是从管中有黄绿色磷光的一端产生出来的。

根据这点，彭加勒猜想：所有发强烈磷光的物体都能发射 X 射线。1896 年，法国贝克勒想起了彭加勒的假设，便拿来一种能在太阳光下发磷光的物质硫酸钾铀，把它和底片一起放在暗箱里。几天以后，他发觉完全不见光的硫酸钾铀也会作用于底片。然而，这种物质在暗箱里是不会发磷光的，可见彭加勒的假设是错误的，X 射线与磷光毫无关系。后来又经过多次试验，他才得到正确结论：X 射线原来是硫酸钾铀中的铀元素放射出来的。

其后，居里夫妇又从含铀的沥青矿残余物中提炼出放射性很强的镭。这一段历史的确离奇：没有彭加勒的错误猜想，贝克勒就不会想到发磷光的物质；发磷光的物质很多，如果不是碰巧选中含磷铀的硫酸钾铀，那么原子能的发现也许还要推后好些年。

1942 年英德空战激烈，为了观察入侵的敌机，英国普遍建立了雷达观察站。但雷达信号常被一些莫名其妙的电噪声所干扰，特别是早晨被干扰得更加厉害。

此外，美国工程师卡尔·詹斯基在检查越过大西洋电话通话的静电干扰时，也注意到有一种特殊的弱噪声。这些发现引导人们去研究它们的起源，结果得知干扰雷达信号的电噪声来自太阳，并且人们还发现，不仅太阳能够发射宽频带的电磁波，而且星云间也能发射，例如产生上述弱噪声的，就是距离地球两万六千光年的银河系中心。这方面的进一步研究奠定了今天的射电天文学的基础。

青霉素的发现也是一个有趣的故事。

英国圣玛利学院的细菌学讲师弗来明早就希望发明一种有效的杀菌药物。1928 年，当他正研究毒性很大的葡萄球菌时，忽然发现原来生长得很好的葡萄球菌全都消失了,这是什么原因呢?

他经过仔细观察后发现,原来有些别的霉菌掉到葡萄球菌里了。显然消灭这些葡萄球菌的,不是别的,正是青霉菌。这一偶然事件,导致药物青霉素以及一系列其他抗生素的发明。

成 长 智 慧

在长期的生活实践中,不要轻易放过一些偶然的发现。这些偶然的发现,要想办法弄清它产生的原因。只有具备高度的科学敏感性,并苦心钻研,才能有一些"重大发现"。

留心生活中的需要,处处留心皆机遇

一个聪明人所创造的机会比他所发现的机会更多。——培根

"安全刀片大王"吉利,未发明刀片以前是一家瓶盖公司的推销员。他从 20 多岁就开始节衣缩食,把省下来的钱全用在发明研究中。过了近 20 年,他仍旧一事无成。

1985 年夏天,吉利到保斯顿市出差,在返回的前一天他买了回程的火车票。第二天早晨,他起床迟了一点,他正匆忙地用刀刮胡子时,旅馆的服务员急匆匆地走进来喊道:"再有 5 分钟,火车就要开了。"吉利听到后,一紧张,不小心把嘴巴刮伤了。

吉利一边用纸擦血一边想:"如果能发明一种不容易伤皮肤的刀子,一定会大受欢迎。"

就这样,他开始埋头钻研。经过千百次的尝试之后,吉利终于发明了现在我们每天都在使用的安全刀片。他摇身一变,成为"安全刀片大王"。

G.克鲁姆是位美国印第安人,他是炸马铃薯片的发明者。1853 年,克鲁姆在萨拉托加市高级餐馆中任厨师。一天晚上,来了位法国人,他吹毛求疵总挑剔克鲁姆的菜不够味,特别是油炸食品太厚,无法下咽,令人恶心。

克鲁姆气愤之余,随手拿起一个马铃薯切成极薄的片,便扔进了沸油中,结果炸出来的土豆片好吃极了。不久,这种金黄色的、具有特殊风味的油炸土豆片,就成了美国特有的风味小吃而进入了总统府,至今它仍是美国国宴中的重要食品。

美国佛罗里达州有个穷画家,名叫律薄曼。他当时只有少量的画具,仅有的一支铅笔也被削得短短的。

有一天,律薄曼绘图时,找不到橡皮擦了。他费了很大劲才找到橡皮擦,铅笔又不见了。铅笔找到后,为了防止再丢失,他索性将橡皮用丝线捆到铅笔的尾端,但用了一会,橡皮又掉了。

"真该死!"他气恼地骂着。

律薄曼为此琢磨了好几天,他终于想出主意来了:他剪下一小块薄铁片,把橡皮和铅笔绕着包了起来。果然,他用一点小功夫做出来的这个玩意相当管用。后来,他申请了专利,并把这项专利卖给了一家铅笔公司,从而赚得了55万美元。

美国大西洋城有一位名叫尊本伯特的药剂师,他煞费苦心地研制了一种用来治疗头痛、头晕的药。配方搞出来后,他嘱咐店员用水冲化,制成糖浆。

有一天,一名店员因为粗心出了差错,他把放在桌上的苏打水当作白开水冲冰糖浆,没想到苏打水一倒下去,糖浆竟冒气泡了。这让老板知道可不好办,店员想把它喝掉,他先试尝了一下,味道还不错。闻名世界、年销量惊人的可口可乐就是这样被发明出来的。

住在纽约郊外的扎克,是一个碌碌无为的公务员,他唯一的嗜好便是滑冰。

纽约的近郊,冬天到处会结冰。冬天一到,他一有空就到那里滑冰自娱自乐，可是夏天就没有办法到室外冰场去滑个痛快。去室内冰场是需要钱的，他的收入有限，不便常去，但待在家里也很无聊。有一天，他百无聊赖时，一个灵感涌上来，"在鞋底安上轮子，就可以代替冰鞋了。普通的路就可以当作冰场。"

几个月之后，他跟人合作开了一家制造这种鞋子的小工厂。他做梦也想不到，产品一问世，立即就成为世界性的商品。没几年工夫，他就赚了100多万美元。

成 长 智 慧

现实生活中的很多需要，都可能是难得的机遇。有时候，机遇会自己找上门来，就看你能不能发现。多留心生活，往往一点小事可能就是将你引上成功之路的千载难逢的机遇。

世上从不缺少机会，只是缺少发现机会的眼睛

不要以为机会会第二次敲门。——桑弗

1987年一个阳光灿烂的日子，在美国有两个邮递员，一个叫科尔曼，一个叫施洛特。两人看到马路上有一个小孩手里拿着一个荧光棒，这个玩具在当时还是很新奇的，于是两个大人就玩起了那个荧光棒。这个东西还能做什么用呢？这时他们看到小孩的手里还有一个棒棒糖，于是两人就把棒棒糖放在了荧光棒的顶端，荧光棒的光线穿过半透明的棒棒糖，居然产生了一种奇妙的效果。

两个邮递员看到后觉得很有意思，接着想到如果做一个会发光的棒棒糖，估计还是很有市场前景的。于是他们把这个专利卖给了美国开普糖果公司，结果销路非常好。

两个邮递员一边吃棒棒糖，一边继续往下想。可是这个棒棒糖吃起来很费劲，往往是糖还没有吃完，腮帮子已经酸了。于是他们想应该在棒棒糖的下面安一个小马达，这样一来可以转着吃棒棒糖，又省劲又好玩，没想到旋转棒棒糖在短短的几年时间里卖出了6 000多万个，两个人一下子就发财了。

奇迹的接力棒到了开普糖果公司的领导人约翰·奥舍那里。有一天，奥舍来到一家大超市，他看到很多牌子的电动牙刷摆在

货架上,但是那时电动牙刷的成本价格是 50 多美元一把,所以销量非常的小。这时奥舍突然想到如果用生产旋转棒棒糖的技术生产电动牙刷,那么成本只需要 5 美元。

就这样,美国日用消费品市场上最畅销的旋转牙刷诞生了,而且它比传统牙刷卖得还要好。后来宝洁公司的老板坐不住了,宝洁公司和奥舍谈判要收购他的公司,预付款 1 亿 650 万美元,但是合同要求奥舍和他的同事在未来的 3 年要继续留在宝洁公司。

可刚一年多,宝洁公司就要提前终止这份合同。不是因为产品不好卖,相反,而是因为它太好卖了,远远超出了他们的想象。如果按合同办事的话,3 年后宝洁公司要付给奥舍的钱要远远超出预算,所以他们只能提前终止合同。最后,奥舍和他的同事一共拿到了 4.75 亿美元。

成 长 智 慧

世上从不缺少机会,只是缺少发现机会的眼睛。人类只要有需求,就会有市场,洞悉需求的动向,才能用独到的眼光另辟蹊径,开辟一条新道路,使自己在竞争中处于优势。

目标不要太多，太多可能会一事无成

名人名言

目标要专一，对目标要专注。——泰龙·爱德华兹

一名青年大学毕业后，曾豪情万丈地为自己树立了许多目标，可是几年下来，他依然一事无成。他满怀烦恼地去找一位智者时，智者正在河边的小屋里读书。

智者微笑着听完青年的倾诉，对他说："来，你先帮我烧壶开水。"

青年看见墙角放着一把极大的水壶，旁边是一个小火灶，可是他没发现柴火，于是便出去找。他在外面拾了一些枯枝回来，装满一壶水，放在灶台上，在灶内放了些柴火便烧了起来。可是由于壶太大，那捆柴火烧尽了，水也没开。于是他跑出去继续找柴火，等找到了足够的柴火回来，那壶水已凉得差不多了。这回他学聪明了，没有急于点火，而是再次出去找柴火。由于柴火准备得足，水不一会儿就烧开了。

智者忽然问他："如果没有足够的柴火，你该怎样把水烧开？"

青年想了一会儿，摇摇头。

智者说："如果是那样，就把壶里的水倒掉一些！"

青年若有所思地点了点头。

智者接着说:"你一开始踌躇满志,树立了太多的目标,就像这个大壶装的水太多一样,而你又没有足够多的柴火,所以不能把水烧开。要想把水烧开,你或者倒出一些水,或者先去准备柴火。"

青年顿时大悟。回去后,他把计划中所列的目标划掉了许多,只留下几个,同时他利用业余时间学习各种专业知识。几年后,他的目标基本都实现了。

成 长 智 慧

不要把目标定的太多,如果太多的话,往往会一事无成。把你的目标删掉一部分,从最近的目标开始,你就会一步一步地走向成功。我们只有不断地捡拾那些"柴火",或舍弃一些东西,才能使人生逐渐加温,最终才会让生命之水沸腾!

有时太过于坚定，往往会错过一些机会

名人名言

> 幸运的时机好比市场上的交易，只要你稍有延误，它就将掉价了。——培根

美国大作家马克·吐温年轻时，在各种新产品、新发明上的投资达几十万美元，但那些项目没有一个成功的。马克·吐温心灰意冷，发誓永远不在"新奇玩意儿"上浪费金钱了。

一天，有个年轻人登门拜访这位大文豪，来访者胳膊底下还夹着一个怪模怪样的东西。原来，年轻人发明了一种新装置，需要资金来推销和大批生产这种装置。

马克·吐温说自己有过数次投资失败的教训，再也不打算冒任何风险了。

"我并不指望巨额投资，"年轻人说，"只要500美元，您就可以拥有一大笔股份。"

想起自己刚发过的誓言，马克·吐温还是摇了摇头。

失望的年轻人只好起身告辞。

看着他的背影，大作家不由心头一动。"嘿，"马克·吐温在客人身后叫了一声，话一出口,他立刻为自己的不坚定感到羞愧。为了掩饰，他马上改口说："……你刚才说你叫什么名字？"

"贝尔，"年轻人回答，"亚历山大·格雷厄姆·贝尔。"

"再见，贝尔！祝你好运！"马克·吐温关上了房门，心想："谢天谢地，我总算坚持住了，没向贝尔投资。"

今天我们知道，年轻的贝尔胳膊下夹着的"新奇玩意儿"叫电话。所有给这个新产品投资的人，日后都成了百万富翁。

有时候，坚定不总有好结果。因为太坚定，马克·吐温与机会失之交臂。

成 长 智 慧

我们知道，坚定是一个人成功的必备因素之一。但有的时候，太过坚定也不一定是什么好事——因为坚定，我们往往会与一些机会擦肩而过。有时候，适时地动摇一下，人生才会出现转机。

在有心人那里,失误或意外也是机遇

名 人 名 言

如果有人错过机会,多半不是机会没有到来,而是因为等待机会者没有看见机会到来,而且机会过来时,没有一伸手就抓住它。

——罗曼·罗兰

古埃及有位法老要盛宴宾客,这当然是厨师们大显身手的好机会。然而在这样重要的场合,一名厨师竟然不慎将一盆油脂撒在了炭灰里,他一边深深地自责,一边将沾满油脂的炭灰捧了出去。

当他洗手时,意想不到的情况出现了:平时最令他头疼的油污,这次竟然被清洗得又快又干净,他马上叫来其他厨师也用这种炭灰洗手,结果油污仍然被洗得又快又干净。人类历史上最早的肥皂竟在"不慎"中出现了。

还有一个故事,发生在国外的一个酒吧。酒吧里有一个叫乔治的年轻小伙子,他的工作就是把供酒商送来的酒,按品种倒入相应的大缸里,再卖给客人。

他做得很认真很仔细,因为这个工作是他和卧病在床的母亲唯一的经济来源。但有一次,他实在太疲惫了,迷迷糊糊中竟把酒倒错了瓦缸,使两种酒混在了一起。他醒悟过来后,脸色一片煞白。他非常清楚这种名酒的价值,他也清楚等待他的除了被炒鱿鱼,就是被罚款。

　　接班的人这时候来了,而且更巧的是正好有一名顾客买酒喝,因此,那位不知情的伙计就把混合后的酒舀了一杯给他,顾客喝了这种混合后的酒竟然赞不绝口。"为什么不能把不同的酒混在一起,调成另一种别有风味的酒呢?"灵光突然在乔治脑中一闪。随后他不断地试验和调制,一种口感独特、颜色瑰丽的酒——鸡尾酒,终于面世了。它一出现,就成为顾客们的新宠,乔治也因此成为让人羡慕的富翁。

成 长 智 慧

　　很多时候,有些机遇甚至是隐藏在一些失误或意外中的。因为发生错误而心情紧张,使我们的注意力集中在一个非常狭隘的范围内,只想到错误的后果,以至错过了错误中有可能存在的意外机遇。在有心人那里,失误或意外也是机遇。

世上不缺千里马,缺少的是伯乐

名 人 名 言

世有伯乐,然后有千里马。千里马常有,而伯乐不常有。——韩愈

有位著名的老金石家,在印度市场上,发现了一种名贵的檀木,这种檀木飘出一种淡淡的幽香,香味纯正,沁人心脾。由于这种檀木产量低,水分极不易散失,所以每千克售价高达八百多美元。醉心于艺术的金石家借钱购买了重达4.5公斤的一小段檀木。

回国后的第二天,金石家便赶去北京参加一个全国的学术会议。开完会回家以后,金石家翻了半天,也没找到那段檀木。他急忙问老伴看没看到。

老伴说:"你说的那块破木头,有股怪味,收废品的老头来过,我扔给他了。"

啊?金石家大吃一惊。他既愤怒于老伴的无知,又很无奈。幸好,第二天,那个收废品的老头又来了。

金石家"腾"地一下从床上坐起来。老伴问:"大哥,我上次扔给你的那块木头你卖给谁了?"

"木头?"老人忘了。

"就是我顺手从这里拿下来的一块木头。"老伴走到书橱边,试图唤起老头的记忆。

老头这才恍然大悟。"我还记得你们家的那块木头,我家老

太婆都是用木头来烧锅的，别的木头都好烧，你们家那块木头不好烧不说，还有股怪怪的臭味，不过还好，最后还是用它把锅烧开了，烧出的灰是白色的。"老头淡淡地说。

啊？金石家惊叫起来。

成 长 智 慧

在这个世界上，缺少的不是千里马，而是伯乐。善于识人用人是一个优秀管理者必备的素质，人才也只有在他们的眼里才是人才，才能人尽其用，体现出自身的价值。

第五章

一个人风光的背后，是耗费的时间和精力

一个人之所以能风光，是因为他付出了收获风光的成本——时间和精力。所以，如果你没有付出这些成本，就不要羡慕别人，更不要瞧不起别人，因为能够风光是件不容易的事。

如果没有激情,生命将会显得苍白和凄凉

我们的激情实际上像火中的凤凰一样,当老的被焚化时,新的又立刻在它的灰烬中出生。——歌德

她当时是瑞典电影界的一名新秀,天生丽质、朴实无华的英格丽·褒曼用自己的辛勤劳动及对表演无与伦比的忠诚赢得了荣誉,为观众留下了永不磨没的记忆。

纽约的一份报纸曾经对她做过如下评述:"英格丽·褒曼小姐是观众眼里的绝代佳人,她不用化妆品足以展露玉容花貌,她有时会突然面红耳赤;她不雇报界代理人,她看电影亲自排队买票,总之,她的举止与常人决然不同。这位脸蛋像红苹果一样儿的少妇,既像新捏的瑞典雪球一样洁白无瑕,又像走近餐桌头一次品尝斯堪的纳维亚式小吃的农村姑娘一样天真朴实,她身居好莱坞明星的殊荣地位,对观众倾倒好莱坞的那股狂热却一无所知……"

水银灯下是她的主战场,她跑遍了整个世界,她把整个身心都献给了她幼时的理想,献给了艺术,面对人们的颂扬,她总是平静地报以会心的微笑,轻轻地说一声:"我就是英格丽·褒曼,谢谢……"

在英格丽·褒曼 11 岁时,父亲第一次带她去剧院,在这之前,她曾跟父亲看过几次歌剧,但她什么也没看懂。可她第一次看话

剧却着迷了,她的两只眼睛瞪得圆溜溜的。第一场帷幕刚落,她就转过脸兴奋激动地对父亲说:"爸爸,爸爸,我要干的就是这一行!"整个剧院都听得见她的声音。

1933年秋,英格丽·褒曼成为斯德哥尔摩皇家戏剧学校的一名学生。英格丽·褒曼的表演勇气大得令人难以置信。她本是

个羞涩腼腆的姑娘,在学校里,她从来不敢站起来回答老师的问题,偶尔有人提起她的姓名,她听到都会羞得脸红。但是登台表演却是她心驰神往的,在舞台上她变成了另一个人。

是英格丽·褒曼的继母葛丽塔带她走近了电影。葛丽塔正在为一部电影学习音乐和演唱,英格丽·褒曼便央求她说:"哪天请带我一起去好吗?让我也见见世面,开开眼界,明白电影空间是怎么拍出来的。"

葛丽塔为她找了个充当临时演员的差事。拍完一个镜头的英格丽·褒曼舍不得就这样离开,她继续保持着妆容,又接连从一个场景跑到另一个场景,拍了几个镜头,她像走火入魔一样,享受了一生中最痛快的一天。

她参演的第一部电影是《僧侣桥的伯爵》。这是一部喜剧片,她没有演好,差一点演砸了。第一部影片拍完后,瑞典电影制片厂的所有制片人和管理人员,都认为他们发现了一个有前途的年轻女演员。他们一起竭力劝导英格丽·褒曼,要她重新为自己的前途着想。既然瑞典电影制片厂有那么多唾手可得的良机,那又何必非要在戏剧学校里待下去呢?这是通往成功的一条捷径,在戏剧学校是得不到这种机缘的。英格丽·褒曼听取了从他们的建议。活生生的现实早已清楚地表明,那所专业学校看重的是资历,而不是才能。

离开皇家戏剧学校以后,英格丽·褒曼并没有忽视有关戏剧的知识课程,她开始去上戏剧知识实习课、舞蹈课、动作训练课、台词课等。给她上课的是一位和蔼可亲的女演员,名叫安娜·诺莉,60多岁。英格丽·褒曼从不间断练功,她爱学习,她觉得生活中随时随地有东西可学。

　　从影不到一年半，英格丽·褒曼得到瑞典报界的喝彩与赞美："英格丽·褒曼有了伟大的突破。"她总是力求去演那些难度大的角色。其中难度最大的莫过于《女人面孔》，为了保持畸形脸的化装效果，在影片拍摄中她要忍受难以想象的痛苦，口腔垫片磨破了牙床，使她疼痛难忍，有一次她竟在摄影棚失声痛哭起来，这是她有生以来最难演的角色了。这部影片引起的反响是她未曾预料的，她的巨幅照片比比皆是，她魂牵梦绕的夙愿终于实现了。

　　她向上帝做了虔诚的祷告："亲爱的上帝，我真幸福。对您的恩情我真是感激不尽，难以回报。祈求您赐予我，让我就这样一直演下去吧，继续不停地演下去，把存在于天地之间的所有奇妙惊人的角色全演个够吧。让我变成您的以演员形象出现的驯良工具吧。我要通过我的职业，通过我的表演感化人们，使他们变得更加美好。您庇佑我演好这些角色吧，这样我才会不虚此生。"

成长智慧

　　无论你从事什么行业；无论你是绝顶聪明，还是资质平平；无论你是高矮胖瘦；也不管你是怎样的人，如果你希望生活得有成就感，希望生活得充实，有一样必不可少的东西，那就是激情。激情是主宰和激励一个人才能的力量，如果没有激情，生命将会显得苍白和凄凉。

在没有全身心投入之前,最好不要轻言能行

傻子自以为聪明,但聪明人知道自己是个傻子。——莎士比亚

有一个久战沙场的将军,厌倦了战争,他专程到大慧宗臬禅师处要求出家。

他对宗臬禅师说:"禅师,我现在已看破红尘,请禅师慈悲收留我出家,让我做您的弟子吧!"

宗臬禅师说:"你有家庭,有太重的社会习气,还不能出家,慢慢再说吧!"

将军着急道:"禅师,我现在什么都放得下,妻子、儿女、家庭都不是问题,请您即刻为我剃度吧!"

宗臬禅师依然说:"慢慢再说吧!"

将军没办法,只好作罢。

有一天,他一大早就到寺里礼佛,宗臬禅师一见到他便说:"将军为什么这么早就来拜佛呢?"

将军用禅语诗偈说道:"为除心头火,

起早礼师尊。"

　　禅师开玩笑地回道："起得那么早，不怕妻偷人？"

　　将军一听，非常生气，骂道："你这老怪物，讲话太伤人！"

　　宗杲禅师哈哈一笑道："轻轻一拨扇,性火又燃烧,如此暴躁气,怎算放得下？"

成 长 智 慧

　　做什么事都不是张口说说那么容易，一个人的习气也不是说改就能改的。要想把一件事情做好，除了全身心投入之外，别无他法。所以，在没有全身心投入之前，最好不要轻言能行，以免无法达成，留下笑柄。

抓住人的天性,把问题挑明了说

名人名言

本性决定行为,本性取决于行为。——罗伯特·穆齐尔

在日本,保险公司林立。千万个业务员使出浑身解数,走进千家万户,兜揽保险生意,竞争激烈的情形可想而知。要想创出成绩,业务员自身的素质和有无开拓、创造能力至关重要。千代田保险公司有个名叫桂木一郎的人寿保险业务员,可以称得上是个保险行业的佼佼者。

桂木一郎到处游说客户参加本公司的人寿保险,十之八九能获成功。他的奥秘何在?原来他随身总带着一台录着饶有趣味对话的录音机,工作时他总忘不了对客户播放录音。

死者:"我生前总是做有利于他人的好事,我一心向善,死后应当升入极乐天堂,为何把我发配到地狱里来呀?"

上帝:"你死了,家属生活成了问题。你自谓一心利他,其实哪有资格上天堂呀?"

死者:"我并非自杀,而是横遭意外而死,我是没有责任的啊!"

上帝:"假如你生前投了意外死亡的人寿保险,你的家属就不会挨苦日子了。"

死者:"哎呀,看来我不能升天国还是咎由自取喽,我一定

要托梦给亲友,让他们不能忘了投保。"

　　这段饶有趣味的对话不过几分钟,然而效果却奇佳。凡是听过这段录音的客户,无一回绝桂木一郎的,他们都爽快地投了人寿保险。

　　桂木一郎凭着"请上帝出来做业务员"这富有想象力和创造力的妙计,在半年之内取得签订百余件契约的惊人战绩,他兜揽的人寿保险金额高达1.6亿日元,他很快脱颖而出,赢得了公司的器重和同行的尊敬。不久,他辞去了保险业务员的工作,干脆在东京自办了一家文具公司,当起大老板来。

　　好事的朋友曾经问桂木一郎说:"为什么一段对话能吸引住原来不想投保的客户呢?"

　　桂木一郎笑道:"因为它抓住了人性的弱点,也就是说一旦撒手归天,丢下家人怎么办?这并不是人人都想到的问题,但一旦把它挑明了,人人都觉得很重要。为此当然要早做打算,万一有意外,也可做到死而无憾。其实真正遭到不测的灾祸的概率很小很小,我和我服务的保险公司当然就发财了。"

成 长 智 慧

　　有很多问题人们并没注意,但是这些问题的答案又很明显。有很多事情,只要抓住了人们所忽视之处,把这些浅显的问题挑明,让人们可以清楚地认识到问题的所在,事情办起来就会水到渠成。

只要做出承诺,就一定要兑现

一个人严守诺言,比守卫他的财产更重要。——莫里哀

高考落榜后,李雪峰整天待在家里。一天,他和一群小青年在村口遇见了一个鸡贩子,他们拦住他纠缠,鸡贩子不屑地说:"我还要收鸡呢,没时间和你们磨牙。瞧你们这群毛孩子,能做主卖你们家里的鸡吗?"

几句话扰得他们这帮年轻人火大,他们纷纷拍着胸脯说:"今天我们非把鸡卖给你不可!"经过讨价还价,他们讲定每只鸡卖两元。

李雪峰将家里的12只鸡提到村口古槐树下,这时刚好父亲和母亲从地里回来。母亲立刻惊叫起来:"你怎么能卖鸡?"这时他才如梦初醒:一家人的油盐酱醋全靠这几只鸡了。

可是他不能让鸡贩子瞧不起自己,就没有理睬母亲,对鸡贩子说:"给钱吧!"

鸡贩子迟疑地对他的母亲说:"这鸡……还卖吗?"

母亲说:"这都是正下蛋的鸡呢,我们不卖!"

"卖!"这时父亲从人群后挤过来果断地拍板。

母亲不解地看着父亲说:"一只鸡才两元钱,平常一只鸡最少也要卖几十元钱的呀!"

"两元?"父亲愣了一下,又转身问李雪峰说:"这价钱你们刚才说定了?"

他有些不好意思地说:"是。"

接着,父亲轻轻拍了拍他的肩膀说:"你已经17岁了,不再是个孩子了,说出的话就如同泼出去的水,怎么能随便就反悔呢?"

品味着父亲的话,陡然间李雪峰觉得自己长大了,变成了一个对自己的所言所行负责的汉子。

李雪峰永远都不能忘记自己这特殊的成年仪式,还有父亲朴实而铿锵的话……

成 长 智 慧

无论是什么事情,也不管是对谁,只要我们做出承诺,就一定要兑现,要为自己的言行负责。学会为自己的言行负责,才能让自己真正成熟。其实,成熟有时只是在一瞬间而已,在那一瞬间,你可能会明白很多东西,也可能就知道了怎么样面对人生。

只有讲诚信的人，才能永远站住脚

名人名言

失足，你可以马上恢复站立；失信，你也许永难挽回。

——富兰克林

一天，美国亨利食品加工工业总公司经理亨利·霍金士在电视台做了一则产品广告，宣称："本公司以往的产品中，由于加入了有毒的防腐剂，对人体有害，奉劝顾客慎重使用。"亨利还坦率直言，他是偶然从化验鉴定报告单上发现这种情况的，这种防腐添加剂具有一定的保鲜作用，但带有轻微的毒素，长期服用，有害身体健康。最后他毅然宣布："本公司不再使用有毒的防腐添加剂！"

这则广告无疑是家丑外扬，在社会上引起了轩然大波，亨利是这样设想的：作为经营者不能唯利是图，而应当站在消费者的立场，设身处地为顾客着想，主动披露产品中存在的问题，以诚为本，开诚相见，以心换心，在人们的心目中树立诚实的形象，以换取消费者的信任，从而招徕顾客，赢得市场。

广大顾客对亨利的"家丑外扬"非常欣赏，但亨利却招来同行业的激烈反对和诋毁，因为几乎所有的食品加工厂都使用防腐剂来保鲜食品。"城门失火，殃及池鱼。"亨利的这一招使其他的食品厂商处于不利的境地，于是他们联合起来，又是做广告，又是写文章。他们声称食品防腐剂的添加，是为了使其发挥保鲜作用，既有的微量毒素，并不损害人体健康，利多弊少。他们指责亨利的广告是别有用心，指责亨利想通过打击别人，抬高自己。他们进而还对亨利公司的产品进行抵制。

亨利仍我行我素，他一方面坚持防腐剂对人体有害的观点，一方面生产不添加防腐剂的产品。双方争论不休，无从定案。

这场争论旷日持久，持续了四年时间，亨利的公司毕竟势单力薄，产品在市场上节节败退，公司濒临倒闭的边缘。

然而，亨利在广告中所说的确是事实。食品防腐添加剂确实含有毒素，对人体确实有害，所以亨利的所作所为获得了顾客的欢迎和政府的赞赏。争辩的过程使亨利名声大振，确立了他实企业家的形象。就在他近乎倾家荡产时，政府的权威部门支持了他的观点和做法，于是，顾客才放心地使用亨利公司的产品。亨利的公司在短时期内就恢复了元气，一度滞销的产品也成为热门货。

成 长 智 慧

> 诚信是为人处事的根本，人一旦失去了诚信，也就失去了做人的根本。虽然，为人诚信者可能会遭到周围一些心怀不轨之人的妒忌或诽谤，甚至会处于劣势，但这些都是暂时的。从长远来看，只有讲诚信的人，才能永远站住脚。一个人如此，一个企业更是如此。

一句善意的谎言，可以满足对方的自尊心

名人名言

有些谎话可以适当地说一点，比如善意的谎言。——德莱

在美国怀俄明州，彭奈开了一家零售商店。

一天下午，一个衣着讲究的男子到商店买搅蛋机，店员礼貌地接待着："小店有7个品种的搅蛋机，价格相差很大。先生，你要好的还是要差的？"

"当然要好的，像我这样的人能买差的吗？"中年男子面露不悦，生硬地顶了一句。

店员麻利地拿出一只多佛牌搅蛋机说："这是最好的，120美元一台。"

"怎么这么贵？"顾客眼睛都瞪圆了，"我听说别的商店最贵的也只有60多美元一台，你别以为我要好货，就故意加价。"

"不是这样。"店员带着歉意说，"如果嫌贵，小店还有10多美元一台的搅蛋机，要不，我再拿给你看看？"

"不用了。"中年男子掉头就走。

这一切，彭奈都看在眼里，他拍拍店员的肩膀，赶紧抢上几步把中年男子拦住了，他客气地说："先生，我是本店经理。你不是想买搅蛋机吗？让我来给你介绍一种产品，好吗？"

中年男子正为没买到合适的搅蛋机而烦恼，他见经理亲自来

介绍，便停住了脚步，重又回到了柜台前。

彭奈让店员拿出另一种搅蛋机，他热情地说："这是一种新型号搅蛋机，54美元一台。"

顾客问道："价格还不及多佛牌的一半，肯定质量也不那么好吧？"

彭奈耐心地解释道："并非这样，多佛牌因为容量大，牌子老，所以价格贵。这种搅蛋机是新产品，其实性能、外观都不错，只是容量稍微小一些。"

"哦，是这样。"中年男子被说动了心，他拿起新产品仔细地观看起来。

彭奈接着又说："人口少的家庭用这种型号的产品正合适，我们家里也用这种搅蛋机，使用起来非常方便。"

最后，中年男子买了这台搅蛋机后满意地走了。

彭奈回过头对店员说："刚才你虽然也很热情客气，但你的话刺伤了顾客的自尊心。根据顾客的衣着、举止，他会买差的货品吗？但他又不愿出120美元这样的高价买一个普通的商品，所以只好掉头走了。我揣摩着他要买的就是这种价格适中、使用方便又不降低他身份的中档搅蛋机。所以经过介绍之后，他就满意了。"

"我懂了。"店员说，"但是经理先生，据我所知，您家里并没有使用这种搅蛋机呀！"

"这是一种善意的欺骗。"彭奈笑着解释说，"当顾客想到商店的经理也使用这种产品时，他当然会放心购买，同时又满足了他的自尊心。"

"噢。"店员这才明白了彭奈的经营之道。

彭奈就是靠着这种经营之道,成为商界巨子的,并使他的零售商店越办越兴旺。

成长智慧

说谎骗人是不对的,但并非所有的谎言都对人有害、都不受人欢迎。在我们的生活中,有时候是很需要善意的谎言的,一句善意的谎言往往可以安慰一颗受伤的心灵,可以满足一个人的自尊心……

在恶势力面前，要敢于挺身而出

善良终究会打败邪恶。——歌德

19世纪，在英国的名门公立学校——哈罗学校，常常会发生一些恃强凌弱、以大欺小的事情。

有一天，一个强悍的高个子男生，拦住一个瘦弱的新生，颐指气使地命令他替自己做事。新生初来乍到，不明白其中"原委"，断然拒绝了。高个子恼羞成怒，一把揪住新生的领子，劈头盖脸地打了过去。

其他的学生或者冷眼旁观，或者起哄嬉笑，或者一走了之。只有一个外表文弱的男生，看着这欺凌的一幕，眼里渐渐涌出了泪水，他终于忍不住嚷了起来："你到底还要打他几下才肯罢休？"高个子朝那个又尖又细的抗议的声音望去，一看他也是个瘦弱的新生，就恶狠狠地骂道："你这个不知天高地厚的家伙，问这个干什么？"那个新生毫不畏惧地回答："不管你还要打几下，让我替他忍受一半的拳头吧！"高个子听到这出人意料的回答，不禁羞愧地停住了手。

从那以后，学校里反抗恶行暴力、帮助弱者的善举逐渐增多，两个新生也成了莫逆之交。

那位被殴打的少年深感爱与善的可贵，后来成为英国颇负盛名的大政治家,他就是罗伯特·比尔;那位挺身而出、愿为陌生弱者分担痛苦的少年,则是后来扬名全世界的大诗人拜伦。

成 长 智 慧

在这个世界上,没有比爱和善更可贵的东西了。这两种东西能使我们在恶势力面前临危不惧,并敢于挺身而出去分担弱者的痛苦和悲伤。虽然我们不一定能从根本上改变什么,但至少可以改变周围的人。

敢于纠正偏见，才会打破别人的偏见

偏见和傲慢的生命维持不了多久。——高尔基

德国的多特蒙德应用科技大学位于北莱茵－威斯特法伦州鲁尔区，但是，中国留学生在那里却很难找到工作。

原来，这里有一家著名的餐馆辞退过两个中国留学生，他们的故事被传得家喻户晓：一个当洗碗工的中国留学生。按照餐馆的规定，每收进来一批餐具，必须马上洗干净，但他总要等到餐具堆满了洗碗池才开始清洗，因为他觉得这样省时省力。一个当门童的中国留学生。他必须站在门口迎候随时前来就餐的客人，有一天深夜，餐馆里没有食客，老板来检查时发现他趴在餐桌上睡着了。老板觉得中国人不守规矩，会给自己的餐馆带来不良影响，所以就不聘用中国留学生。

后来，有些中国留学生为了找到工作，就有意否认自己是中国人。但这样做并没有多大的效果，因为他们很容易就被识破了。

有一天，那家餐馆又来了一个中国留学生。

老板问他："你是中国人吗？"

他说："是。"

老板说："那么很遗憾，我不能聘用你。"

他问老板："您能告诉我这是为什么吗？"

老板给他讲了那两个中国留学生的故事。

那个留学生对老板说:"您错了,这是偏见。"他说,"中国留学生中有那么两个人并不奇怪,奇怪的是你以为所有的中国人都跟他们一样。人总是良莠不齐的,中国是这样,德国也是这样。德国有个希特勒,可是我们并没有把所有的德国人都当成希特勒一样来对待,因为我们对德国人从来不抱偏见。"

后来,老板破例录用了这个中国留学生。

这是一个真实的故事,那个中国留学生就是后来著名的作家廖钧。

成 长 智 慧

偏见是片面的见解或成见。偏见这种现象,在我们的工作和生活中普遍存在。偏见会产生很多误会,会导致很多失误,还会引发各种冲突。面对别人的偏见时,要敢于纠正,这样才会打破别人的偏见。

第六章

用心感受生活，过好人生中的每一天

我们时常感到生活是枯燥乏味的，并被动地生活着，这是因为我们没有用心感受生活。不要忽视生活中的点点滴滴，也不要因为工作而忽视了生活，用心感受生活，生活才会精彩。

当生活变得沉重时,我们需要弯下身来

生活一直在迁就我们,我们也应该迁就一下生活。

——列夫·托尔斯泰

在加拿大魁北克,有一条南北走向的山谷。山谷没有什么特别之处,唯一能引人注意的是它的西坡长满松、柏、女贞等树,而东坡却只有雪松。这一奇异景色之谜令人费解,然而揭开这个谜底的竟是一对夫妇。

那是一个冬天，这对夫妇的婚姻正濒临破裂的边缘，他们打算做一次浪漫之旅，如果能找回昔日的爱情就继续生活，否则就友好地分手。

他们来到这个山谷的时候，下起了大雪，他们支起帐篷，望着满天飞舞的大雪，发现由于特殊的风向，东坡的雪总比西坡的大且密。不一会儿，雪松上就落了厚厚的一层雪，不过当雪积到一定程度，雪松那富有弹性的枝丫就会向下弯曲，直到雪从枝上滑落。这样反复地积，反复地弯，反复地落，雪松完好无损。可其他的树，却因没有这个本领，树枝都被压断了。

妻子发现了这一景观，对丈夫说："东坡肯定也长过杂树，只是不会弯曲才被大雪摧毁了。"少顷，两人突然明白了什么，拥抱在一起。

成 长 智 慧

在生活中，我们承受着来自各方面的压力，如果积累过多，最终将使我们难以承受。这时候，我们需要弯下身来卸下重负，才能避免被压断的结局。弯曲，并不是低头或失败，而是一种弹性的生存方式，是一种生活的艺术。

只有用心生活，生活才会更为精致

  生活像广阔的海洋一样深，在它未经测量的深度中，保存着无数的奇迹。——别林斯基

  有这样四个女人。

  第一个女人——确切地说是女孩，是个大三的穷学生。一个男生喜欢她，同时也喜欢另一个家境较好的女生。在他眼里，她们都很优秀，他不知道应该选谁做妻子。有一次，他到那个家境贫寒的女孩家玩，她的房间非常简陋，没什么像样的家具。但当他走到窗前时，发现窗台上放了一瓶花——瓶子只是一个普通的水杯，花是在田野里采来的野花。

  就在那一瞬，他下定了决心，选择那个穷女孩为自己的终身伴侣。促使他下定决心的理由很简单，那个女孩虽然穷，但她却是个懂得生活的人，他相信将来无论他们遇到什么困难，她都不会失去对生活的信心。

  第二个女人喜欢时尚，她爱穿与众不同的衣服。她是被别人羡慕的白领，但她却很少买高档的时装。她找了一个手艺不错的裁缝，自己到布店买一些不算贵但非常别致的料子，自己设计衣服的样式。在一次清理旧东西时，一床旧的缎子被面引起了她的兴趣——这么漂亮的被面扔了怪可惜的，不如将它送到裁缝那里做一件中式时装。想不到做出来的衣服效果出奇的好，她的"中式情结"由此一发而不可收：她用小碎花的旧被套做了一件立领带盘扣的风衣；她买了一块红缎子稍事加工，就让她那件平淡无奇的黑长裙大为出彩……

第三个女人是个普通的职员，她过着很平淡的日子。她常和同事说笑："如果我将来有了钱……"同事以为她一定会说买房子买车子，而她的下半句却是："我就每天买一束鲜花回家。"不是她现在买不起，而是她觉得按她目前的收入，到花店买花有些奢侈。有一天她走过人行天桥，看见一个乡下人在卖花，他身边的塑料桶里放着好几把康乃馨，她不由得停了下来。这些花一把才要价5元钱，如果是在花店，起码要15元，她毫不犹豫地掏钱买了一把。

这把从天桥上买回来的康乃馨，在她的精心呵护下开了一个月。每隔两三天，她就为花换一次水，再放一粒维生素C，据说这样可以让鲜花开放的时间更长一些。每当她和孩子一起做这些的时候，都觉得特别开心。

第四个女人下岗了，她在离家不远的人行道上卖面窝。她的摊子在一个卖热干面的摊子旁边，吃早点的人图个方便，吃热干面的时候顺便来一个面窝。这个四十多岁的下岗女工不像别的摊主，用手里那双筷子或铁夹子把炸好的东西夹到客人碗里，而是准备了一些很精致的竹制小盘，每次她都不厌其烦地把炸好的面窝放到盘子里，端到客人桌上，等他们吃完再把盘子收回来……不知是她炸的面窝味道好量又足，还是由于她这个细心的举动，她的生意还真不错。

这四个女人各自在不同的轨道上过着不同的生活，她们有钱也好，没有钱也好，年龄大也好，年龄小也好，她们都有一个让人称道的共同点：她们懂得让自己生活过得更精致。

成长智慧

虽然我们的生活很平凡，但是只要我们用心生活，就可以让生活变得丰富多彩，充满乐趣，就会让我们的生活变得更为精致。

人生如同乘舟,需要风雨同舟

同舟共济是做人应有的品质。——埃利特

多年以前,李广智曾经历了一件令他终生难忘的事情。

那年,李广智从秦岭深处出来,肩上扛着一袋老玉米,他在渭水边搭上了一条破旧的木船进城。船上还有两个木匠,他们带了数量不少的山货。在他们解开缆绳准备渡河时,一个青年人扛着一只笨重的四方木箱,大步流星地赶到了,叫声:"慢!"肩一耸,木箱就稳稳地压在了船头。

船一开,暴雨就落下来了,木船在水里飞快地打了一个旋儿,就似一匹脱缰的野马朝下游斜射出去,一波接一波的浊浪击打在他们的头上身上,水花四溅。木船在颠簸之中,翘起栽下,左倾右陷。青年人叉开双腿站在木箱上,大声指挥着两个木匠,完全是不容反驳的命令口气:"你,往后;你,往前,拿桨!半桨!一反一正,使劲!再使劲!注意……"正说着,"哗"的一声,一座如山的浪头砸下来,天地为之一暗。但是,木船还是从急流中钻了出来。对于年仅十五六岁的李广智,青年人则客气多了,他指着船中的横木对李广智说:"你坐上去,放松,像骑马一样,顺势起伏,别拧着水的性子。"

经过一阵折腾,船明显地稳了下来。李广智听到两个木匠在嘀咕："哪儿来的小子，竟敢指挥咱们。""真把人气死了，揍他。"

"注意！"青年人又叫了起来，"稳住船身，当心翻船！"李广智突然感觉到，船像被两只巨大的手抓住在使劲地拧麻花，船板在吱呀地呻吟。突然，"咔嚓"一声，一块板子翘了起来，一股碗口粗的浊水从船底涌上来，发出可怕的怪叫。

"不要惊慌！"青年人抓过双桨往木箱上一搭，一反一正地划起来。"把东西扔出去！"没有人动。青年人急了，抽出桨一捅，那袋老玉米消失在激流之中。"还有你们的！"青年人说着，又将两个木匠的好几个山货袋子也捅进水里，"你……"两个木匠一下跳起来。"别动！赶紧补船。"青年人严厉地说。"没有板子。""你那里就有一块。""那是菜板。""啥东西也得救急，船没了，还能有什么？"两个木匠交换了一下眼色，不情愿地开始补船。

"快靠岸吧！"李广智惊魂四散。

"靠岸可不是一件容易事儿，得一齐用劲才行，这么大的暴雨，活命最是不易……"青年人的话还没说完，两个木匠就扑了过来，他们用力一顶，将青年人背上船的那只沉重的木箱子顶进了水里——就在这时，意想不到的事情发生了，那箱子一落水，木船立即就像纸一样漂起来，飞快地在水中打起旋儿来，没等李广智惊叫出声，便听"嘭"的一声，木船撞在一个坚硬的物体上，李广智被重重地甩了出去……

李广智是在青年人的怀里醒过来的，篝火一堆，天黑如漆，涛声依旧。只是雨停下来了，寒气从四周逼过来。

"你没有事吧？"李广智问。

"没事。我家三代都是渭河上的船工,渭河对我最亲。"

"可你的东西……"

"我有什么东西?那是沙石,稳船头镇河妖用的,把它推下去,能不翻船吗?"

"他们呢?"

"我一个人顾不了那么多,但愿他们平安无事。"

"可你救了我的命……"

"要不是那两个木匠把镇船沙推下河,我本来是可以救全船人的。"青年人心情沉重地说。

成 长 智 慧

乘舟渡河时,难免会遭遇风浪,这时我们只有风雨同舟,齐心协力,一切以大局为重,才能稳住船,从而保住船上所有人的生命。反之,如果人人都自私自利,只顾个人的得失,结果就是舟沉人亡。其实,人生中很多事都是这样的。

外表美不算美,心灵美才是真美

心灵美就是精神的美与道德的美。——库申

很久以前,有个财主,他有 7 个女儿,她们个个花容月貌,美艳无比。每当家里来了宾客,财主总要把女儿们叫出来显摆一番。他最想听到的就是客人们的赞叹声,事实上也的确如此。

有一天来了个客人,财主照样把女儿们叫出来让他看,然后问他:"我的女儿们美吗?"

那个人说:"这样吧,你让你的女儿们披上盛装,去各地街上行走,如果每个人都说她们美,我就给你 500 两黄金,只要有一个人说不美,你就输给我 500 两黄金,怎么样?"

财主动心了,于是他欣然同意了。

他带着女儿们在各地游走,每个人都说他的女儿们漂亮,眼看 500 两黄金就要到手了,财主又带她们来见佛祖,他得意扬扬地问:"佛祖,你说我的女儿们漂亮吗?"

佛祖不屑地回答:"不漂亮!"

财主非常不高兴,问道:"城里的每个人都说她们漂亮,怎么就你一个人说她们不漂亮呢?"

佛祖回答说:"世人看的是外表,而我看的是心灵。在我看来,身能不贪钱财,口能不说恶言,意能不起邪念,这样才是美!"

财主听了佛祖的话，灰溜溜地走了。当然，他输了500两黄金。

那个和他打赌的人正是佛祖的弟子，他知道佛祖是怎样看待美的，到佛祖这里来是他为财主安排的最后一站。

成长智慧

一个外表貌似天仙却心如蛇蝎的女人，我们能说她美吗？当然不能。一个外表丑陋却心地善良的女人，我们能说她不美吗？当然也不能。所以，看一个人是否美丽，重要的是看其心灵而不是外表。

不要过分谦让，因为那绝不是一种美德

懂得谦让的人是有内涵的人，但过于谦让会让内涵大打折扣。——曾金

有这样一则寓言。

从前，有一对好朋友，一个叫谦让，一个叫贪欲。

他们约好一起到天堂去，他们带的干粮基本能够两人路上吃的。为了体现无私的友爱精神，他们在路上谦虚地你推我让，时间也因此耽误了一半。再这样谦让下去也不是办法，贪欲开始想，既然你不要，我要，于是他把谦让的东西吃了。

后来在路上发生了奇怪的事情。贪欲吃了谦让的东西以后，觉得胃口大开，吃了还想吃；而谦让为了体现他的度量，即使饿得走不动，对贪欲也是有求必应。一个是过饱走不动，一个是饿得走不动。

天黑前，他们终于到达了天堂。

但是他们却同时被拦在了天堂门外。贪欲说："为什么不让我们进去？"天使说："因为你太贪，把朋友的东西都吃了。"贪欲说："可是那都是他给我的呀！"天使说："哪怕人家主动，哪怕人家心甘情愿，你也不能无视对方的饥肠辘辘。你连这点道理都不明白，如何进天堂？"

谦让说:"那么我呢?为了让贪欲吃饱,我都快饿死了呀!"天使说:"如果说贪欲进天堂的可能有万分之一,那么你进天堂的可能连十万分之一都不到。"谦让不解其意。天使说:"把自己饿成这个样子,绝不是美德。你把天堂当成剧场,把上帝当成观众了。"

成长智慧

谦让固然是一种美德,但谦让也要分对谁,也要掌握分寸。对于一个贪婪的人,我们无须过分谦让,因为你谦让他,他就会得寸进尺。这样一来,你不但帮不了他,也会使自己受损。从这个意义上说,过分谦让绝不是一种美德。

自己喜欢的东西,别人未必也喜欢

在你看来价值千金的东西,在别人看来往往一文不值。——易卜生

蓝春歌是个音乐狂。他刚刚走出校门参加工作,单位就给他分了一套房子,而且他的邻居是个漂亮的女孩子,这使他喜出望外。

蓝春歌想热爱音乐的人大概都是乐观向上、热爱生活的,那个漂亮女孩一定也是,她一定也很喜欢音乐。

每天下班回来,蓝春歌要做的第一件事便是打开录音机,放上一段浪漫吉他曲或钢琴曲,有时也放一些英文歌曲,还有当代歌星的歌。

放音乐时他有一个习惯,打开门,打开窗,把声音放得很大,他在震耳欲聋的音乐中神游,自得其乐。他沉醉于音乐中,感到自己真的成了一个自由人,一种幸福感时时弥漫于他的内心。

蓝春歌甚至想,那位他急于想了解的漂亮女孩一定注意到了他。

有一天,女孩突然走到蓝春歌的门前,有些羞怯地说:"我可以进来吗?"

他十分惊喜地说:"当然可以,我做梦都想跟你聊聊天儿,快进屋吧。"

他慌忙让座,沏茶给女孩。他希望给女孩留下一个极好的印象,也好进一步与她发展。

"对啦,做邻居都十几天啦,还不知你的芳名。"

"我叫安琪。"

"多美的名字!那是天使的名字,你真是名如其人呀!"

"过奖啦。"女孩说着低下了头,一朵红云飘过她的脸庞。

"我,我想……"女孩突然有些嗫嚅地望着他。

"有什么话尽管说,是不是想和我谈谈音乐?"他鼓励她道。他想,或者是她爱上了他,又不好意思说出口。

"那好吧,我说出来你别生气。"女孩大胆地望了他一眼。这句话使他一下子提高了警惕。

"你天天放的音乐吵得我坐卧不安,有一段时间我感到自己

简直都快疯啦！我想，你放音乐时是否可以小声一点……"女孩勇敢地望着他，终于吐出了她那显然压抑了许久的心里话。

他一瞬间怔住了。

许久，他才从牙缝里挤出一句话："好，我一定，一定……"

女孩走出了门。女孩的身材像舞蹈演员一样美，女孩如诗的背影永远地停驻在他的眼帘。

从那以后，蓝春歌很少再放音乐。即使偶尔放，声音也放得很小，因为女孩使他懂得：自己认为很美很动听的音乐，有时对于别人来说很可能就是一种噪音。

成长智慧

每个人都有自己的喜好，这些喜好是不尽相同的。不要想当然地以为自己喜欢的东西，别人也一定喜欢。其实，很多时候，我们所喜欢的东西往往正是别人所讨厌的东西。

平时要珍惜时间,以免日后没有时间

> 世界上最快而又最慢,最长而又最短,最平凡而又最珍贵,最易被忽视而又最令人后悔的就是时间。——高尔基

某个深夜,在危重病房里,有一名癌症患者迎来了他生命中的最后一分钟,死神如期地来到他的身边。

隔着氧气罩,他含糊地对死神说:再给我一分钟,好吗?

死神问:你要这一分钟干什么?

他说:我要用这一分钟,最后一次看看天,看看地,想想我的朋友和敌人,或者听一片树叶从树枝上飞落到地上的那一声叹息,运气好的话,我也许还能看到一朵花儿由含苞到开放……

死神说:你的想法不坏,但我不能答应你。因为这一切,我都留了时间给你欣赏,你却没有珍惜。在你的生命中,我从来没有见过你像今天珍惜这一分钟一样,珍惜任何一个小时或一天。不信,你看一下我给你列的这一份账单。

在你60年的生命中,你有一半时间在睡觉,这不怪你,这30年权且算是我占了你的便宜。在余下的30年中,你曾经叹息时间过得太慢的次数一共是1万次,平均每天一次,这其中包括你少年时代在课堂上,青年时期在约会的长椅上,中年时期下班前和壮年时期等待升迁的仕途上。

在你的生命中,你几乎每天都觉得时间太慢,太难熬,你也因此想出了许多消磨时间的办法,其明细账大致可罗列如下:

打麻将(以每天 2 小时计),从青年到老年,你一共耗去了 6500 小时,折合成分钟是 39 万分钟。

喝酒,每顿以 1 小时计(实际远非这个数),从青年到老年,也不低于打麻将的时间。

此外,同事之间的应酬,上班时同事之间狂侃甲 A 联赛以及电视剧,拿着一张报纸出神,吐烟圈,对着窗外女同事的大腿发呆,

对张三说李四的坏话，对李四又说张三的坏话，又耗去你不低于打麻将和喝酒的时间。

除了这些，你还无数次叹息生命的无聊空虚寂寞。为此，你还强拉邻居、同事或下属打麻将，打扑克。甚至强抢小孙子的电子游戏。后来，你还赶潮流学人家上网，化名"温柔小帅哥"，每天十几小时地泡在聊天室里和一大群真真假假的女人找感觉……

你还参加人煲电话粥。没事上街闲逛，在马路上看人下象棋，一次就是数小时。

你还参加了无数有较强催眠作用的会，这使得你的睡眠时间远远超出了 30 年。而且，你又主持了许多类似的会，使更多人的睡眠也和你一样超标。

还有……

死神想继续往下念的时候，发现病人眼中的生命之火已经熄灭了。于是他长叹一口气说：如果你活着时，能想着节约一分钟的话，你就可以听完我给你记下的账单了，真可惜，我辛辛苦苦的工作又算白费了，世人怎么都是这样，总等不到我动手，就后悔得……

成 长 智 慧

世界上什么最宝贵？是时间。如果没有了时间，一切都将没有意义。遗憾的是，很多人并不珍惜时间，当真正想珍惜时间时，往往已经没有时间了。所以，我们平时要珍惜时间，以免日后没有时间。

那些不为人所知的生活，才是真正的生活

平凡而朴素，有悲伤也有欢乐，这就是生活。——赫胥黎

同事们都很羡慕雪梅，因为她丈夫时常接她下班，这是人们所共知的事实。然而，人们所不知的事实是：她丈夫宁愿堵在路上，也不愿意自己做一顿晚餐。她和超市里的蔬菜、牛肉、大米等一起被接了回来，以便按她丈夫的要求做出荤素搭配的三菜一汤。

朋友们参观完雪梅的家后评价：真干净，这是他们亲眼所见的事实。然而，他们所不见的事实是：储藏室里堆满了杂物箱，箱子里有落着灰尘的旧报刊，有换了季没来得及洗的脏衣服，有门铃响起时还扔在地上的饮料瓶，储藏室的门后藏着刚刚用完还没顾得上清洗的拖把。

人们都看到雪梅衣着光鲜、笑靥如花地出现在聚会上，她裙裾飘摇，慢声细语，姿态从容，这是大家所公认的事实。然而，大家所不知的事实是：聚会前，她灰头土脸地趴在地上，手脚并用地擦地板；在办公室楼上楼下奔走，忙得四脚朝天；电话里气急败坏地同人论争；聚会后，她衣服扔得满地都是；冰箱里空无一物，只能稀溜溜地吃方便面；喝完八杯咖啡，依然无法敲完一篇稿子，急得到处跺脚。

再来看这样一个故事。

一位人到中年、容颜渐老、经历过沧桑岁月的妻子，面对青

春逼人、才情出众、执着无悔的丈夫的倾慕者,良久无语。最后,她沉默着取出纸笔,对女孩儿说:"我们一起来写写那个我们都爱的人是什么样吧。"

女孩儿不假思索地在纸上写道:高大、英俊、体贴、上进、有事业心……所有成功才俊的影像都在里面了。

妻子却让岁月的印痕留在了纸上:有些胆小,害怕打雷;胃不好,不能吃过硬的东西;记性差,时常丢三落四;晚上睡觉会磨牙,打小呼噜;生活不规律,吸烟,饮酒,早出晚归;动手能力差,不会做饭,不会修理电器……

接下去的还有:每天要人接送的孩子,年事已高身体不好的双亲,日复一日、年复一年的一日三餐,永远清理不干净的地板,洗不完的脏衣服,做不完的家务,等等。

这些,是别人所不知的生活。这些,让年轻女孩儿的如水柔情一点点变冷。

她在女孩的诧异里沉静似水:"是的,我们写的都是他。只不过,你看到的远远不是他的全部,也不是你们未来生活的全部。"

成 长 智 慧

有些日子是给人看的,可是这样的日子并不多,更多的则是那些不为人所知的日子。在生活中,那些为人所知的生活,是用来观看的;那些不为人所知的生活,才是我们真正的生活。

结束语

青春是奋斗的年龄，不要把青春葬送在了安逸上。正如"生于忧患，死于安乐"，安逸的舒适圈往往更加危险，不要做那只井底之蛙，局限于自己那口舒适的小井。跳出自己的舒适圈，选择吃苦，面临挑战，才能成就更好的自己。

青春是一个人一生中最美好的一段时光，也是决定一个人未来发展的关键几年，别在这个应该奋斗的年龄选择懒惰，别让自己的青春毫无收获。

世界上没有后悔药可吃，年轻的时候不拼搏，难道等芳华老去的时候去抱怨、去后悔、去鄙视现在的自己吗？不要辜负了现在的大好时光，别在吃苦的年纪，选择安逸。

青春不是用来虚度的，更不是用来挥霍的，而是用来拼搏的。请记住：选择安逸，会撕碎你的青春；选择拼搏，才会成就你美好的未来！